Fundamentos

de

Redes de Voz IP

Oscar Gil Domínguez

TABLA DE CONTENIDOS

INTRODUCCIÓN

El rápido crecimiento que Internet ha experimentado en los últimos años puso el protocolo IP en un lugar destacado en las redes de telecomunicaciones. Los escenarios de aplicación de transmisión de voz sobre IP (en adelante abreviado como VoIP) son muchas y todavía hay mucha controversia al respecto, pero no hay duda de que la tecnología VoIP tiene el potencial de permitir la oferta de una nueva gama de servicios a los usuarios de teléfono e Internet, y puede resultar en una disminución en el coste asociado con los servicios de telefonía de larga distancia, en particular. La Figura 1 ilustra uno de los escenarios de aplicación de teléfono y de fax sobre una red IP.

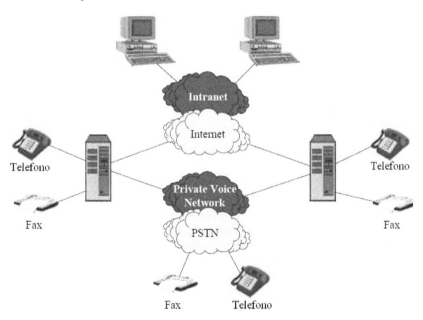

Figura 1- Escenario de implementación de telefonía y fax sobre la red IP.

ARQUITECTURAS BÁSICAS

En una primera aproximación podemos definir tres arquitecturas de implementación básicas:

- ARQUITECTURA de PC a PC: En esta arquitectura dos ordenadores con recursos multimedia, conectados a una LAN (normalmente en el entorno corporativo) o a través de la RPT (Red Pública Telefónica), a un proveedor de servicios de Internet (normalmente en el entorno residencial), se comunican para el intercambio de señales de voz. Todo el tratamiento de la señal de voz (muestreo, compresión y empaquetamiento) es realizado en los equipos, siendo la llamada de voz establecida basándose en la dirección IP del receptor (o por medio de un "nombre" que será convertido en una dirección IP utilizándose un servicio del directorio público). Esta arquitectura se ilustra en la Figura 2. La arquitectura de PC a PC tiene una variante donde el PC se sustituye por un teléfono con capacidad de codificación de voz e implementación del protocolo IP.

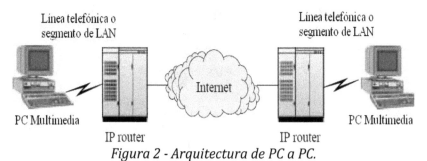

Figura 2 - Arquitectura de PC a PC.

- ARQUITECTURA CON PUERTA DE ENLACE (Gateway): En esta arquitectura, que se muestra en la Figura 3, un teléfono estándar se utiliza para generar y recibir llamadas telefónicas a través de Internet. El usuario que llama marca al gateway o puerta de enlace de telefonía IP más cercano a su central telefónica local; esta pasarela reconoce y valida el número de teléfono del usuario llamado (para la autenticación y facturación) y pide a este que proporcione el número de usuario de destino. La puerta de enlace de entrada identifica la puerta de salida más cercana al usuario de destino y comienza una sesión con este para la transmisión de paquetes de voz (posiblemente utilizando el protocolo H323, que se discutirá más adelante). La puerta de enlace de salida llama al teléfono receptor y, después de que se conteste la llamada, la comunicación de extremo a extremo se inicia con la señal de voz siendo enviada a través de datagramas IP entre las puertas de enlace. El empaquetamiento y la codificación de la señales de voz se realizan en la puerta de enlace de origen, mientas que la decodificación y el desempaquetamiento se realizan en la puerta de enlace de destino. La digitalización de la señal de voz puede ser hecha en la central, en la puerta de enlace o incluso en el teléfono (el caso de RDSI, por ejemplo).

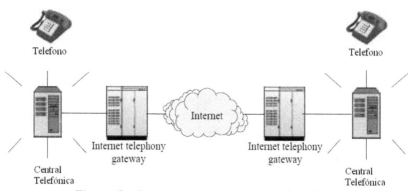

Figura 3 - Arquitectura con puerta de enlace.

- ARQUITECTURAS HÍBRIDAS: Por supuesto, son posibles y convenientes esquemas mixtos de las dos arquitecturas anteriores. En estas estructuras un usuario de teléfono estándar origina (o recibe) una llamada de un usuario de PC (o un teléfono IP). En tales situaciones, debe haber un servicio de mapeamiento o traducción de direcciones IP a números de teléfono. Hay cuatro caminos unidireccionales en este caso: de PC a PC, Gateway a Gateway, PC a Gateway, Gateway a PC. En todas estas arquitecturas los puntos terminales/finales (PC o puerta de enlace (gateway)) deberán utilizar el mismo esquema de codificación de voz.

Aunque las arquitecturas mostradas hasta ahora ilustren la transmisión de voz a través de Internet, hay un consenso de que al menos a corto / medio plazo la aplicación de VoIP para el servicio telefónico (que llamaremos telefonía IP) se dará sólo en redes privadas o Intranets o en la red de acceso del abonado a la central de conmutación local. La dificultad de imaginar en este momento los servicios de telefonía a través de Internet radica en el hecho de que esta red es hoy del tipo "mejor esfuerzo", evitando que se pueda ofrecer calidad de servicio (QoS) adecuada para el tráfico de telefonía.

LOS ESCENARIOS DE APLICACIÓN

CONEXIONES DE PBX PUNTO A PUNTO: Las empresas que tienen PBX (Private Branch Exchange) conectadas por líneas dedicadas, y que tienen una red WAN IP interconectando los mismos escritorios donde se encuentran estas PBX, pueden eliminar la línea dedicada (Tieline) y transportar el tráfico de voz sobre la red IP. Para ello, es necesaria la introducción de puertas de enlace de VoIP en ambos extremos. Como los paquetes de voz se transfieren entre las direcciones IP predefinidas, no hay necesidad de complejos mecanismos de conversión de número de teléfono / dirección IP. La Figura 4 ilustra este escenario de aplicación.

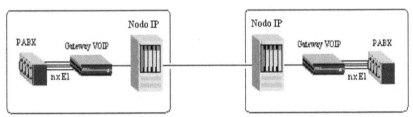

Figura 4 – Conexión de PBX utilizando VoIP.

- CONEXIÓN DE CENTRALES DE LA RED PÚBLICA: Esta aplicación es muy similar a la anterior. Aquí, los proveedores de servicios de telecomunicaciones pueden reemplazar las conexiones, analógica o digital, que se utilizan para conectar las centrales telefónicas por enlaces IP.

- TRÁFICO DE VOZ SOBRE UNA RED IP CORPORATIVA: En esta configuración una gran empresa con muchas oficinas geográficamente distribuidas puede deshacerse de sus canales de voz y lineas dedicadas y rutear todo el tráfico de voz a través de la red IP corporativa existente (ver Figura 5).

Cabe señalar que en la implementación de VoIP para empresas, además de la nueva comunicación soportada por la red IP, una buena parte de las uniones se mantiene con la PSTN (Public Switched Telephone Network), que servirá para:

- Cursar llamadas no comerciales, es decir, destinadas a la PSTN.

- Soportar el tráfico de voz corporativa en caso de fallo en la red IP.

- Soportar el exceso de tráfico corporativo en caso de congestión de la red IP.

Generalmente las implementaciones permiten que el usuario, al marcar los códigos, pueda optar por utilizar la red IP corporativa o la PSTN para desviar las llamadas. En este caso el usuario debe ser orientado para utilizar correctamente la red, evitando las llamadas a través de PSTN, que son tarifadas, y reduciendo así los gastos de la empresa. En implementaciones más complejas, a través de un plan de numeración bien elaborado, se puede dejar esta opción siempre a cargo de la propia red, por lo tanto, con un mayor control sobre los costes de telefonía.

En esta aplicación es necesario el proceso de traducción de los números de teléfono en direcciones IP, ya que hay más de un destino posible para una llamada. En la arquitectura mostrada en la Figura 5 esta función es realizada por el controlador de acceso (Gatekeeper).

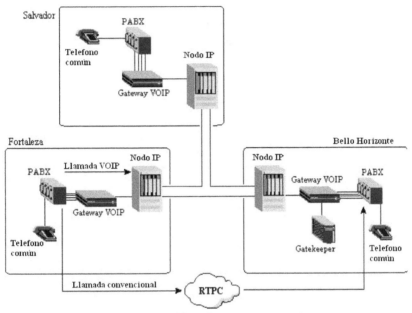

Figura 5 - Tráfico de voz corporativo.

SERVICIO PÚBLICO DE VOZ DE LARGA DISTANCIA: Esta aplicación es adecuada, abstrayéndose de los aspectos legales y reglamentarios, para los proveedores de servicios de Internet (ISP) que ya cuentan con una amplia red de paquetes nacionales o internacionales, y cómo alternativa tecnológica para la implementación (o sustitución) de los backbones de las empresas que prestan servicios de telecomunicaciones.

La Figura 6 muestra una red IP para servicios públicos que se utiliza para encaminar simultáneamente tráfico de voz y datos. El backbone de la red debe ser privado y manejable de tal forma que permita alcanzar la QoS deseada, y puede basarse en cualquier otra tecnología de conmutación de paquetes (como por ejemplo,

Frame Relay o ATM). La figura ilustra la interconexión de las tres ciudades, pero en rigor podemos admitir que una "nube" IP (o IP sobre algo) puede ser utilizada para interconectar dos puntos cualesquiera dentro del área de cobertura del proveedor de servicios de telecomunicaciones (o Internet).

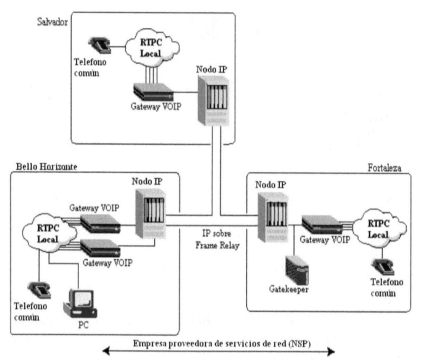

Figura 6 - Servicio Público de Telefonía sobre IP.

PROTOCOLOS ESTÁNDAR

PASOS PARA EL ESTABLECIMIENTO DE UNA CONEXIÓN DE VoIP

Antes de iniciar la descripción de las normas relacionadas con la transmisión de voz sobre IP, vamos, como ilustración, a mostrar un ejemplo de un establecimiento de una llamada de VoIP a través de un proveedor de servicios de telefonía sobre Internet. El ejemplo se basa en la arquitectura estándar H.323, que se describirá en la siguiente sección, y admite la existencia de la red pública de telefonía tradicional. La Figura 7 ilustra todos los pasos descritos:

1. El usuario que llama marca un número de acceso al servicio de telefonía a través de Internet.

2. La llamada es ruteada por la rede pública para el conmutador de telefonía IP.

3. La puerta de enlace (gateway) le pide al usuario que llama que indique el número de teléfono de destino. Este número se envía al controlador de acceso (gatekeeper).

4. El controlador de acceso determina la dirección IP del Gatekeeper de destino basado en el número de teléfono de destino. Un paquete IP que solicita la información de estado (disponibilidad) de la puerta de enlace de destino se envía al Gatekeeper de destino.

5. El Gatekeeper de destino responde a la solicitud proporcionando la disponibilidad de información y la

dirección IP del destino Gateway. La fuente Gatekeeper transfiere esta información a la pasarela de origen.

6. El Gateway de origen establece un canal de comunicación con el Gateway de destino. Este canal es identificado por una variable de referencia de llamada (Call Referente Variable - CRV) que será utilizada por ambas puertas de enlace a lo largo de la llamada para la identificación de los paquetes IP asociados con esta llamada.

7. La puerta de enlace de destino selecciona una troncal de salida a la red pública y envía una señal al conmutador de la red pública solicitando que el mismo establezca una llamada al número de teléfono indicado.

8. Si la llamada puede completarse con éxito, un mensaje de señalización IP es enviado por la puerta de enlace de destino para el Gatekeeper de destino y de este para el Gatekeeper de origen. El Gatekeeper señala a la puerta de enlace de origen y este encamina esta señal a la red telefónica de origen indicando que el terminal de destino está siendo llamado (tono de llamada). Después de iniciada la conversación, los paquetes de voz se intercambian entre las puertas de enlace durante la llamada.

Cualquier señal de "progreso de llamada" u otras señales en el rango de voz (por ejemplo, tono de control de llamada, tono de ocupado, etc.) viaja con normalidad, por lo que se establece un canal de audio fin a fin. Las señales que pueden ser detectadas por las interfaces de voz (por ejemplo, dígitos DTMF en el rango de voz marcados después de que la llamada se ha completado - Sobremarcado) también son capturadas por la puerta de enlace y transportadas por la red IP encapsuladas en el protocolo RTCP, en forma de señalización.

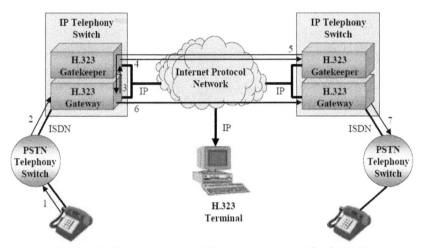

Figura 7 - Pasos para establecer una conexión de VoIP.

En una arquitectura integrada en la que el proveedor de servicios de telecomunicaciones utiliza un backbone IP para transportar el tráfico de voz, los pasos 1 a 3 enumerados anteriormente se reducen a un solo paso, en el que el usuario marca el número de teléfono de destino. La propia red se encarga, a partir de este número, de establecer la llamada.

ESTÁNDAR H.323

El estándar H.323 define los requisitos para sistemas de comunicaciones multimedia en situaciones en donde el transporte de la información se realiza en una red basada en paquetes (Packet Based Network - PBN) que no puede proporcionar calidad de servicio (QoS) garantizada. Las redes PBN pueden incluir: redes de área local (LAN), redes empresariales, redes de área metropolitana (MAN), intra-redes e inter-redes (incluyendo Internet). También incluyen conexiones dial-up o conexiones de punto a punto por la red pública de telefónica o RDSI donde se produce el transporte basado en paquetes como las conexiones PPP. Dichas redes pueden consistir en un solo segmento de la red o pueden tener topologías complejas que incorporan muchos segmentos de red interconectados por otros enlaces de comunicación.

El sistema H.323 consta de terminales, gateways, gatekeepers, controladores multipunto, procesadores multipunto y unidades de control multipunto. Mensajes de control y procedimientos definidos en H.323 definen cómo estos componentes se comunican.

Los terminales H.323 pueden proporcionar servicios de audio y vídeo (opcionalmente) en tiempo real y servicios de comunicación de datos. Los terminales H.323 pueden interoperar con terminales H.310 y H.321 en la RDSI-FL, terminales H.320 en la RDSI-FE, terminales H.322 en redes LAN con calidad de servicio garantizada, terminales H.324 y V.70 en la red pública conmutada, y terminales de voz en la red pública conmutada y RDSI a través de la utilización de puertas de enlace. Los terminales H.323 se pueden integrar en PCs o implementar en dispositivos aislados (por ejemplo, videotelefonos). La Figura 8 ilustra la interoperabilidad de los terminales H.323.

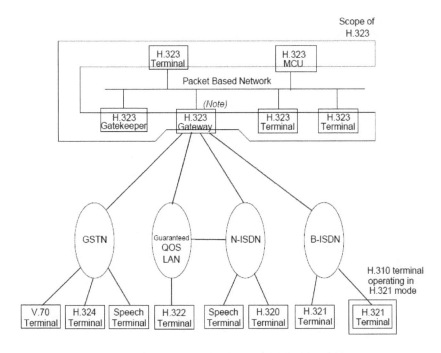

Figura 8 – Interoperabilidad de terminales H.323.

Los controladores de acceso (gatekeepers) proporcionan control de admisión y los servicios de traducción de direcciones. Controladores multipunto, procesadores multipunto y unidades de control multipunto proporcionan soporte para conferencias multipunto.

PILA DE PROTOCOLOS

H.323 define cuatro pilas de protocolos (vídeo, audio, control y datos), pero para la aplicación de voz sobre IP sólo las partes de audio y control, sombreadas en la Figura 9, son utilizadas.

VIDEO	AUDIO	CONTROL			DATA
H.261	G.711	H.225	H.225	H.245	T-120
H.263	G.722	Terminal to gatekeeper signaling	Call signaling		(Multipoint data transfer)
	G.723				
	G.728				
	G.729				
RTP R T C P	RTP R T C P				

Unreliable transport (UDP)   Reliable transport (TCP)

Figura 9 - Pila de protocolos H.323.

Los codificadores de voz estándar para la arquitectura H.323 son:

- G.711 - Utiliza técnica PCM (Pulse Code Modulation) para la digitalización de la señal de voz. La velocidad de transmisión es de 64 kbps. El G.711 es un estándar reconocido internacionalmente, ampliamente utilizado en la conversión de señales de voz analógicas para su transmisión a través de redes digitales. La calidad resultante es adecuada para señales de voz (toll quality), pero no se considera buena para señales de audio.

- G.722 - Utiliza una variante de la técnica de ADPCM, llamada SB-ADPCM (Sub-Band Adaptative Differential Pulse Code Modulation). Se utiliza en los canales B (64 kbps) de RDSI para señales de audio de calidad media de transmisión (frecuencias de hasta 7 kHz). El retardo generado en la codificación es pequeña (unos 5 ms).

- G.723.1 – El estándar ITU-T G.723.1 (una combinación de G.721 + G.723) produce niveles de compresión digital de la voz de 10:1 y 12:1, operando respectivamente a 6,3 kbps y 5,3 kbps con mayor calidad para la tasa más alta. La característica de ancho de banda reducido es ideal para telefonía a través de Internet en tiempo real y para las aplicaciones a través de líneas telefónicas convencionales. El G.723.1 se ha convertido en un estándar emergente para la interoperabilidad de la transmisión de voz en diferentes plataformas. Las pruebas han demostrado una calidad equivalente a la calidad comercial (toll quality) de los servicios telefónicos tradicionales con sólo 1/10 del ancho de banda utilizado por los sistemas PCM actuales. Desde hace varios años, el Foro de Voz sobre IP (VOIP) del International Multimedia Teleconferencing Consortium's (IMTC), recomienda G.723.1 como el estándar "default" para la codificación de audio a bajas tasas de bits dentro el estándar H.323. El tamaño de trama (frame) es de 30 ms y el parámetro de lookahead de 7,5 ms. La complejidad del algoritmo es de 16 MIPS (millones de instrucciones por segundo), con 2,2 Kbytes de memoria RAM. El codificador se basa en la técnica de Predicción Lineal llamada Análisis por síntesis de codificación.

- G.728: Utiliza la técnica LD-CELP (Low Delay Codebook Excited Linear Prediction), que es una técnica híbrida del vocoder (codificación por vocalización) y la codificación de forma de onda. La señal de voz está limitada a 4 kHz y digitalizada a 16 Kbps.

- G.729: Utiliza la técnica de codificación llamada CS-ACELP (Conjugate Structure Algebraic Codebook Excited Linear Prediction) para codificar una señal analógica en la banda de voz en una señal digital de 8 Kbps. El tamaño de trama (frame) es de 10 ms y el lookahead es de 5 ms. La complejidad del algoritmo requiere alrededor de 20 MIPS CPU y 3 Kbytes de RAM.

Una versión más ligera de la norma G.729 se puede encontrar en la norma G.729a. Esta es compatible con el G.729 en términos de tasa de bits y de retraso, y requiere sólo de 10,5 MIPS de CPU y 2 Kbytes de RAM. Por este buen rendimiento con poca demanda de potencia de procesamiento, la técnica G.729a ha sido ampliamente utilizada en los sistemas comerciales de VoIP y VoFR.

El H.323 especifica que los paquetes de voz sean encapsulados en el protocolo RTP (Real-Time Transport Protocol) y transportados en UDP (User Datagram Protocol). Para gestionar la calidad de la comunicación de voz en la red, se utiliza el protocolo RTPC (Real-Time Control Protocol).

La parte de control del H.323 también utiliza el UDP como protocolo de transporte para establecer conexiones entre los terminales H.323 y el Gatekeeper, que es básicamente un servidor de acceso remoto (RAS -Remote Access Server) de la red H.323, y el TCP para la señalización de llamada y canal de control. El protocolo H.225, que es un subconjunto del protocolo Q.931 (protocolo de señalización RDSI) y H.245 definen toda la operación de control de la arquitectura H.323.

COMPONENTES DE LA ARQUITECTURA H.323

TERMINAL

El terminal H.323 es un dispositivo de usuario que proporciona comunicación (bidireccional y en tiempo real) de voz, vídeo o datos, con otro terminal H.323. La comunicación de voz es obligatoria, pero la comunicación de video y datos es opcional. El terminal H.323 también puede comunicarse con una puerta de enlace H.323 o una MCU (Unidad de Control Multipunto).

Un ejemplo de terminal H.323 se muestra en la Figura 10. El diagrama muestra las interfaces con el equipo de usuario, codificador de vídeo, codificador de audio, equipo telemático, la capa H.225.0, las funciones de control del sistema y la interfaz con la red basada en paquetes. Todos los terminales H.323 deben tener Unidad de Control del Sistema, la capa H.225.0, interfaz de red y la unidad de codificación de audio. La unidad de codificación de video y aplicaciones de datos del usuario son opcionales.

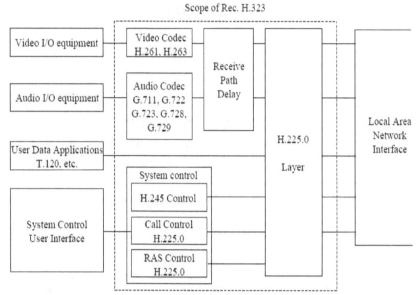

Figura 10 – Equipamiento Terminal H.323

GATEWAY

La puerta de enlace o Gateway es un dispositivo de adaptación utilizado para permitir la comunicación entre terminales H.323 y terminales no H.323. La principal función de la puerta de enlace es la traducción entre los formatos de transmisión (por ejemplo, de H.225 a H.221), los procedimientos de comunicación (por ejemplo, de H.245 a H.242) y formatos de audio, vídeo y datos (por ejemplo, de G.711 a G.729). La puerta de enlace o Gateway también ejecuta (en conjunto con el Gatekeeper) funciones de establecimiento y desconexión de llamadas del lado de la red local (packet based network) y de la red con conmutación de circuitos (red telefónica, RDSI, etc.). En general, la finalidad de la puerta de enlace es reflejar las características de un terminal de la red local (H.323) a otro terminal de la red conmutada por circuitos y viceversa.

Un terminal H.323 puede comunicarse con otro terminal H.323 en la misma red directamente sin la participación de un Gateway. La puerta de enlace se puede omitir si no desea comunicarse con los terminales de red con conmutación de circuitos. Se permite a un terminal H.323 de una red establecer una llamada de salida a través de una puerta de enlace y volver a la misma red a través de otra puerta de enlace, por ejemplo para "pasar" de un router o un enlace de baja velocidad.

El Gateway también puede funcionar como una unidad de control multipunto (MCU), lo que se describirá más adelante.

GATEKEEPER

Aunque la codificación eficiente de la señal de voz es un tema importante en el transporte de voz sobre IP, esta no es la única responsabilidad de los Gateways o terminales H.323. Muchas funciones de control deben ser ejecutadas por el sistema H.323, incluyendo el establecimiento y desconexión de las llamadas, la negociación de parámetros de la llamada (por ejemplo, el tipo de codec a utilizar), la medición de atrasos e incluso el mantenimiento del enlace con mensajes de "keepalive" durante periodos de silencio. Dentro de la estructura H.323, estos problemas se resuelven por los subsistemas de control H.225 y H.245.

Estas funciones de control pueden realizarse directamente entre las terminales y Gateways H.323, o pueden delegarse a otro dispositivo cuya única responsabilidad es la gestión de los servicios de control de la llamada en el sistema de VoIP, denominado Gatekeeper. El controlador de acceso no es obligatorio en el sistema H.323 pero su uso es común en sistemas prácticos, donde el número de dispositivos es superior a algunas unidades. Más de un controlador de acceso puede estar presente y se comunica con cada uno de la red de forma no especificada. El controlador de acceso puede ser implementado físicamente en un terminal, MCU, Gateway u otro dispositivo de red no H.323, aunque sea una entidad lógica independiente de estos dispositivos.

Las principales funciones del controlador de acceso son:

- Traducción de direcciones: El Gatekeeper permite el uso local de esquemas de direccionamiento propietarios (llamada de apodos en H.323), tales como nemotecnica, apodos (nicknames) o direcciones de correo electrónico (e-mail). El Gatekeeper traducirá estas direcciones en direcciones IP necesarias para el establecimiento de las comunicaciones IP. Este proceso se puede hacer a través de una tabla de traducción que se actualiza a través de mensajes de registro.

- Control de admisiones: El Gatekeeper es el responsable de controlar el establecimiento de llamadas entre terminales H.323, Gateways y otros dispositivos que no sean H.323. La aceptación de una llamada puede ser autorizada o denegada en base a los procedimientos de autenticación del usuario, direcciones de origen o destino, la hora del día, el ancho de banda disponible o cualesquiera otros criterios conocidos por el Gatekeeper. El control de admisión también puede ser una función nula, donde se aceptarán todas las peticiones.

- Control de ancho de banda: El Gatekeeper puede controlar el número de terminales H.323 con acceso simultáneo a la red. A través de señalización H.225, el Gatekeeper puede rechazar llamadas de un terminal debido a las limitaciones de ancho de banda. Esta función también puede operar durante una llamada activa si un terminal solicita ancho de banda adicional. El criterio para determinar si el ancho de banda disponible es suficiente para responder a una llamada entrante no es definido en H.323.

- Gestión de la zona: El Gatekeeper puede coordinar las acciones, asociadas a las funciones anteriores, entre los dispositivos que forman parte de su zona de influencia (los dispositivos que están bajo la responsabilidad de Gatekeeper). Por ejemplo, la gestión de la zona puede requerir que no más de 25 llamadas se permitan a través de un enlace de datos de baja velocidad, de modo que la calidad no se degrade. Este tipo de gestión también puede permitir funciones como la distribución automática de llamadas (ACD – Automatic Call Distribution) u otros servicios asociados a call-center.

- Señalización de llamada: El Gatekeeper puede actuar como un "Proxy" de señalización de llamada para los terminales o Gateways bajo su responsabilidad, aliviándonos de la necesidad de soportar el protocolo de control de llamada. De lo contrario, el Gatekeeper puede simplemente servir como un punto de contacto inicial, es decir, después de la admisión de la llamada propuesta, el Gatekeeper pone los dos terminales (o puertas de enlace) a intercambiar directamente los mensajes de señalización.

Un controlador de acceso y todos los dispositivos bajo su control forman una zona H.323, que es un grupo lógico de dispositivos bajo una sola autoridad administrativa. Este concepto se ilustra en la Figura 11.

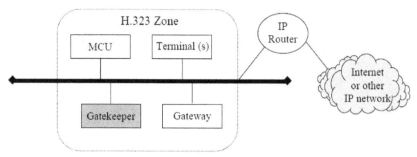

Figura 11 - Una zona H.323.

Un terminal o gateway bajo la responsabilidad de un controlador de acceso debe estar registrado en el mismo. El procedimiento de registro debe incluir la dirección (IP y apodo) y otra información (como los límites de ancho de banda del canal) requerida para el Gatekeeper actuar en el lugar del dispositivo. Este registro se puede hacer manualmente, a través de archivos de configuración o por medio de procedimientos de registro y descubrimiento definidos en H.323.

El controlador de acceso simplifica el desarrollo y uso de sistemas de VoIP, centralizando y coordinando la administración de la señalización de llamada, sirviendo por lo tanto como un nodo de control para todos los dispositivos en su zona de especialización.

UNIDAD DE CONTROL MULTIPUNTO (MCU)

La unidad de control multipunto (MCU) soporta conferencias entre tres o más terminales y Gateways. Según la norma H.323, una MCU consta de un controlador Multipunto (MC), obligatorio, y cero o más procesadores multipunto (MP).

Una MCU típica que soporta conferencia multipunto centralizadas consta de un MC y un MP de audio, video y datos. Una MCU típica que soporta conferencias multipunto descentralizadas consta de un MC y un MP de datos soportando la recomendación T.120.

El MC apoya la negociación de capacidades entre todos los terminales para garantizar un nivel común de comunicación. El MC envía un conjunto de "capacidades" a los participantes de la conferencia, indicando los modos de funcionamiento en que deben transmitir. Este conjunto de capacidades puede ser revisado por el MC y reenviado a los terminales, en función de la adhesión de nuevos terminales o la retirada de miembros de la conferencia. El MP es responsable de la mezcla, conmutación y de procesar audio, vídeo y / o bits de datos. El MP es el procesador central de voz, video y datos para una conferencia multipunto. El MC y el MP pueden existir en un componente específico o ser parte de otros componentes H.323.

Las posibilidades de conferencia multipunto se tratan en una variedad de métodos y configuraciones de acuerdo con el H.323. La recomendación utiliza el concepto de conferencias centralizadas y descentralizadas, como se describe en la Figura 12.

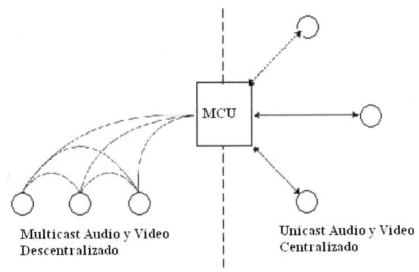

Multicast Audio y Video
Descentralizado

Unicast Audio y Video
Centralizado

Figura 12 - Conferencias centralizadas y descentralizadas.

Las conferencia multipunto centralizadas requieren la presencia de una MCU. Todos los terminales envían audio, vídeo, datos y flujos de control a la MCU en un modo punto a punto. El MC gestiona la conferencia a través de las funciones de control H.245 que también definen las capacidades para cada terminal. El MP recibe, procesa y envía señales de voz, vídeo o datos para los dispositivos participantes. El MP también puede proporcionar la conversión entre diferentes códigos y velocidades de bits, lo que permite la participación de dispositivos con diferentes modos de comunicación. La MCU puede usar multicast para distribuir los flujos de audio y vídeo si los dispositivos participantes de la conferencia tienen capacidad para recibir transmisiones multicast.

Las conferencias multipunto descentralizadas pueden hacer uso de la tecnología multicast para que los terminales H.323 se comuniquen sin enviar los datos a una MCU. El MC puede proporcionar algunas funciones de control de la conferencia, como la "presidencia" de la conferencia, transmisión de video y selección de vídeo. Esto se puede hacer mediante el uso de H.245. El MC recibe mensajes H.245 de los participantes de la conferencia y envía el control apropiado para los otros dispositivos, para activar o desactivar sus sistemas de multicast de vídeo. Los comandos T.120 pueden proporcionar opcionalmente las mismas funciones.

Otra posibilidad de implementación son conferencias multipunto híbridas, que combinan características de los tipos centralizados y descentralizados. Las opciones son conferencia multipunto con audio centralizado y conferencias multipunto con vídeo centralizado. En ambos casos, los dispositivos participantes de las conferencias se comunican con el MC, de modo punto a punto, utilizando el canal de control H.245.

DIRECCIONAMIENTO

H.323 define tres tipos de direccionamiento: dirección de red, identificador TSAP (Transport Layer Service Access Point), y apodo.

- DIRECCIÓN DE RED: Cada entidad H.323 deberá tener por lo menos una dirección de red. Esta dirección identifica unicamente la entidad H.323 en la red. Algunas entidades pueden compartir la misma dirección de red (por ejemplo, un terminal y el MC residente). Esta dirección es específica para el entorno de red donde se encuentra el dispositivo. Los diferentes entornos de red pueden tener diferentes formatos de dirección de red.

- IDENTIFICADOR TSAP: Para cada dirección de red, cada entidad H.323 puede tener múltiples identificadores TSAP, que permiten la multiplexación de varios canales que comparten la misma dirección de red.

- Tres identificadores TSAP poseen su valor especificado por la recomendación H.225: Identificador TSAP del canal de señalización de llamada para los dispositivos terminales (terminales, Gateways o MCUs), identificador TSAP del canal RAS y dirección multicast de descubrimiento para los Gatekeepers.

Dispositivos terminales y entidades H.323 pueden utilizar identificadores TSAP dinámicos para el canal de control H.245, canales de audio, canales de vídeo y canales de datos. El controlador de acceso (Gatekeeper) puede utilizar un identificador TSAP dinámico para los canales de señalización de llamada. Los canales RAS y canales de señalización pueden ser redirigidos a identificadores TSAP dinámicos durante el procedimiento de registro.

APODOS: Un dispositivo H.323 también puede tener uno o varios alias o apodos. Un apodo puede representar el dispositivo o conferencias que el dispositivo está hospedando. El apodo proporciona un método alternativo de direccionamiento del dispositivo. Este tipo de dirección incluye: direcciones E.164, nombres alfanuméricos, direcciones de correo electrónico, etc. Los apodos deben ser únicos en una zona H.323. El dispositivo puede tener más de un apodo (incluyendo más de uno del mismo tipo) que serán traducidos para la misma dirección de transporte. Gatekeepers, MCs y MPs no deben tener apodos.

Cuando no hay un Gatekeeper en el sistema, el dispositivo llamador debe direccionar el dispositivo llamado directamente, a través de la dirección de transporte del canal de señalización de llamada del dispositivo de destino. Cuando hay un Gatekeeper, el dispositivo llamado puede direccionar el dispositivo de destino por su dirección de transporte o por su apodo, que será traducido en una dirección de transporte por el Gatekeeper.

Las direcciones E.164 de los dispositivos llamados pueden consistir en un código de acceso opcional seguido de la dirección E.164. El código de acceso se compone de n dígitos (0 a 9, *, #). El número de dígitos y su significado son definidos por cada fabricante. El propósito de este código es permitir el envío de una solicitud de acceso a la puerta de enlace. El controlador de acceso puede alterar esta dirección antes de enviarla al destino.

OPERACIONES DE REGISTRO, ADMISIÓN Y ESTADO (OPERACIONES RAS)

En esta sección se describirán algunas funciones del H.323 relacionadas con: descubrimiento del Gatekeeper, el registro de dispositivos y gestión de llamadas. A modo de ejemplo, algunos ejemplos de intercambio de mensajes entre los dispositivos terminales y el Gatekeeper, envolviendo los protocolos H.225 y H.245, para la ejecución de estas funciones serán mostrados.

H.323 utiliza un canal lógico en la red (packet based network) para gestionar todas las actividades de señalización, que es denominado canal RAS (Registration, Admissions and Status). La función de señalización RAS utiliza mensajes H.225 para una variedad de operaciones de soporte.

PROCEDIMIENTOS DE DESCUBRIMIENTO DEL GATEKEEPER

El descubrimiento del Gatekeeper es el proceso por el cual el dispositivo determina en que Gatekeeper debe registrarse. El procedimiento puede ser manual, donde el dispositivo es pre-configurado con la dirección de envío del Gatekeeper asociado, o automático. En el procedimiento automático la asociación dispositivo-Gatekeeper se puede cambiar con el tiempo, debido a un fallo en el controlador de acceso, por ejemplo.

En el método automático, un dispositivo que no sabe cual es su Gatekeeper asociado inicia un procedimiento de auto-descubrimiento, que consiste en el envío de un mensaje multicast de petición de Gatekeeper (GRQ) preguntando: "¿Quién es mi Gatekeeper?". Este mensaje se envía a las direcciones multicast de descubrimiento de Gatekeeper. Uno o más controladores de acceso pueden responder con un mensaje de confirmación de Gatekeeper (GCF), afirmando: "Yo puedo ser tu Gatekeeper". Este mensaje contiene la dirección de transporte del canal RAS del Gatekeeper. Si un controlador de acceso no quiere registrar un dispositivo debe devolver un mensaje de rechazo de Gatekeeper (GRJ). Si más de un controlador de acceso responde, el dispositivo puede elegir qué controlador de acceso desea utilizar. En este punto, el dispositivo sabe que Gatekeeper debe hacer su registro. La Figura 13 ilustra el intercambio de mensajes descritos en este párrafo.

Con el fin de proporcionar redundancia en el sistema, el controlador de acceso puede indicar Gatekeepers alternativos, que pueden ser utilizados en caso de fallo del controlador de acceso principal. Esta lista se envía en la estructura alternateGatekeeper del mensaje GCF (o del mensaje RCF, que se describirá más adelante).

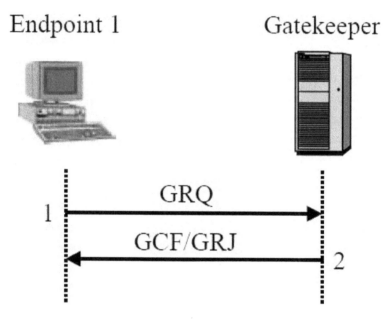

Figura 13 - Procedimiento de auto-descubrimiento.

Si ningún Gatekeeper responde después de transcurrido un tiempo igual al tiempo de espera (timeout), el dispositivo puede reenviar el mensaje GRQ (al menos 5 segundos después de enviar el mensaje anterior).

Si el dispositivo, en cualquier momento, determina que su registro en el Gatekeeper no es válido, debe redescubrir su controlador de acceso. La condición de registro no válido puede caracterizarse por las siguientes situaciones: el dispositivo envía un mensaje RRQ (Request Registration) al controlador de acceso y recibe un mensaje RRJ (Registration Reject) o no recibe ninguna respuesta.

El contenido específico de los mensajes GRQ, GCF y GRJ se define en la recomendación H.225.0, usando la notación de sintaxis abstracta (Abstract Syntac Notation.1 - ASN.1).

REGISTRO

El registro es el procedimiento mediante el cual un dispositivo terminal se une a una zona e informa al controlador de acceso (Gatekeeper) de su dirección de transporte y apodo. Como parte del proceso de configuración todos los dispositivos deben registrarse en el Gatekeeper identificado a través del procedimiento de descubrimiento. El registro debe realizarse antes de iniciar cualquier llamada y debe ocurrir periódicamente cuando sea necesario (por ejemplo, cuando el dispositivo está encendido).

Una puerta de enlace o MCU pueden registrar una o más direcciones de envío. El uso de múltiples direcciones puede simplificar el ruteamiento de las llamadas a las puertas específicas.

El dispositivo que desea registrarse envía un mensaje de petición de registro (RRQ – Registration Request) al controlador de acceso. El mensaje se envía a la dirección de transporte del canal RAS del

Gatekeeper. El dispositivo tiene la dirección de red Gatekeeper, que se obtuvo en el proceso de descubrimiento y conoce el identificador de TSAP del canal RAS. El Gatekeeper responderá con un mensaje de confirmación (RCF – Registration Confirmation) o con un mensaje de rechazo (RRJ – Registration Reject). Un dispositivo sólo puede registrarse en un Gatekeeper.

El RRQ puede repetirse periódicamente para que el Gatekeeper pueda manejar múltiples peticiones del mismo dispositivo. Cuando llega un mensaje RRQ al controlador de acceso, las siguientes situaciones, en cuanto al contenido de direcciones del dispositivo en el mensaje, pueden suceder:

- Dirección de transporte y apodos idénticos a un RRQ anterior: Gatekeeper responde con RCF.

- Apodo igual a RRQ anterior y diferente dirección de envio: Gatekeeper puede confirmar la solicitud, si esto está de acuerdo con la política de seguridad del Gatekeeper, o rechazar la solicitud, indicando la duplicidad de registro.

- Dirección de transporte idéntica al RRQ anterior y diferente apodo: Gatekeeper debe cambiar el contenido de la tabla de traducción. El Gatekeeper puede establecer algún sistema de autenticación de estos cambios.

El registro del dispositivo en el controlador de acceso puede tener una vida finita. El tiempo que el registro permanecerá siendo válido puede ser indicado por el dispositivo en el parámetro time_to_live, expresado en segundos, del mensaje RRQ enviado desde el dispositivo al controlador de acceso. El controlador de acceso puede responder con un mensaje RCF que contiene el mismo valor de time_to_live o un valor inferior; este será el tiempo de vida útil del registro en el Gatekeeper. Antes de que el tiempo de validez termine, el dispositivo debe enviar un mensaje RRQ con el bit keep_alive setted, haciendo que el contador de tiempo de validez sea reiniciado. El mensaje keep_alive RRQ no necesita contener toda la información de un mensaje RRQ normal. Si el período de validez expira, el dispositivo tendrá que registrarse de nuevo en el Gatekeeper través de un mensaje RRQ normal.

El Gatekeeper debe garantizar que cada apodo se asocie con una sola dirección de transporte. Sin embargo, un dispositivo puede indicar una dirección de envío alternativa (copia de seguridad o redundancia), a través del campo alternate_endpoint de los mensajes RAS. Esto permite a un dispositivo tener una interfaz de red secundaria u otro dispositivo H.323 secundaria como backup. Registros ambiguos deben ser rechazados por el Gatekeeper.

Si el dispositivo no incluye un apodo en el mensaje RRQ, el Gatekeeper puede hacer la asociación de un apodo al dispositivo y le informará del contenido del apodo asociado a través del mensaje RCF.

Un dispositivo puede cancelar su registro en el Gatekeeper enviando un mensaje de solicitud de cancelación del registro (URQ – Unregister Request), que será respondido por el Gatekeeper con un mensaje de confirmación de la cancelación (UCF - Unregister Confirmation). Si el dispositivo todavía no se había registrado en el Gatekeeper, este responderá con un mensaje de rechazo de cancelación (URJ – Unregister Reject). La cancelación del registro permite al dispositivo cambiar el apodo asociado a su dirección de transporte o viceversa.

El controlador de acceso también puede tomar la iniciativa de cancelar el registro de dispositivo. En este caso, el controlador de acceso envía el mensaje de URQ al dispositivo, que responde con el mensaje de UCF. Si el dispositivo desea iniciar una nueva llamada, primero debe suscribirse a un Gatekeeper (posiblemente en un Gatekeeper diferente al que canceló su registro). La Figura 14 ilustra el intercambio de mensajes realizados para el registro y la cancelación del registro de un dispositivo.

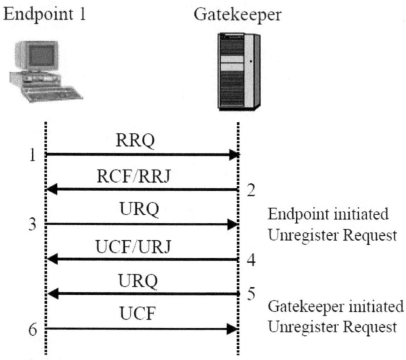

Figura 14 - Procedimiento para el registro con el Gatekeeper.

ADMISIÓN (establecimiento de llamada)

El canal RAS también se utiliza para la transmisión de mensajes de Admisión, Cambio del Ancho de banda, Estado y Desconexión. Estos mensajes se intercambian entre los dispositivos terminales y el controlador de acceso y se utilizan para implementar funciones de control de admisión y de gestión de ancho de banda.

Para iniciar el proceso de admisión, el dispositivo envía un mensaje de solicitud (ARQ – Admissions Request) al Gatekeeper. El Gatekeeper puede confirmar la admisión mediante el envío de un mensaje de confirmación de admisión (ACF – Admission Confirmation), o rechazarla mediante el envío de un mensaje de rechazo de admisión (ARJ – Admission Reject). El mensaje ARQ enviado por el dispositivo especifica el ancho de banda necesario para la llamada. Este ancho de banda es el límite superior de la tasa de bits agregada, considerándose todos los canales de audio y video (transmisión y recepción), con exclusión de los overheads (cabeceras RTP, cabeceras de red, otros gastos de administración). Los canales de datos y control no se incluyen en este límite. El controlador de acceso puede reducir el ancho de banda de la llamada informando al terminal a través del mensaje ACF. El dispositivo terminal deberá asegurarse de que la tasa de bits agregada (valor medio de aproximadamente 1 segundo) está por debajo del ancho de banda de la llamada definida. El dispositivo terminal o el controlador de acceso pueden intentar modificar el ancho de banda de la llamada durante la misma cambiando el mensaje de petición de ancho de banda (BRQ – Bandwidth Change Request).

EJEMPLO DE UNA LLAMADA H.323

La Figura 15 ilustra el establecimiento de una llamada en un sistema H.323 dónde los dos dispositivos terminales están registrados en el mismo Gatekeeper y utiliza el método directo para el enrutamiento del canal de señalización de la llamada (mensajes H.225) y para el enrutamiento del canal de control (mensajes H.245). La descripción de los métodos de enrutamiento posibles se presentará en la sección siguiente. Los siguientes pasos son identificados:

1. El dispositivo terminal T1 envía una solicitud de admisión (ARQ) al Gatekeeper. El método de señalización de llamada solicitada por T1 es el directo.

2. El Gatekeeper confirma la admisión de T1 a través del mensaje ACF y confirma el método de señalización requerido. El controlador de acceso puede devolver la dirección de envío del canal de señalización de llamada del dispositivo terminal T2 en el mensaje ACF.

3. T1 envía un mensaje de establecimiento a T2, usando la dirección de envío proporcionada por el Gatekeeper.

4. T2 responde con un mensaje de proseguimiento de llamada.

5. T2 envía una solicitud de admisión al Gatekeeper (ARQ) en el canal de RAS.

6. El Gatekeeper confirma el registro enviando el mensaje ACF.

7. T2 alerta a T1 del establecimiento de la conexión mediante el envío de un mensaje de alerta.

8. T2 confirma el establecimiento de la conexión mediante el envío de un mensaje de conexión. El mensaje de conexión contiene la dirección de la dirección de transporte del canal de control H.245, que se utilizará para la señalización H.245.

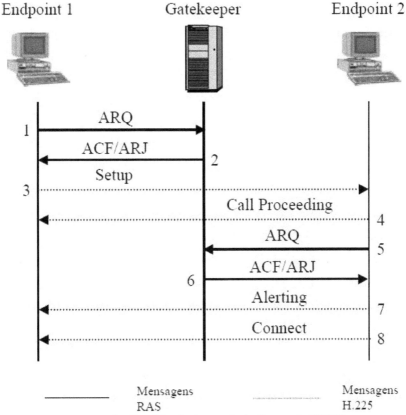

Figura 15 - Establecimiento de la llamada H.323.

El proceso continúa con el flujo de señalización de control H.323, que utiliza mensajes H.245. La Figura 16 ilustra el intercambio de mensajes H.245 para establecer el canal de comunicación entre T1 y T2. Los siguientes pasos, en continuidad con los ocho anteriores, son identificados:

1. Se establece el canal de control H.245 entre T1 y T2. T1 envía un mensaje Terminal Capability Set a T2, iniciando el intercambio de información entre T1 y T2 sobre sus capacidades.

2. T2 envía un mensaje de reconocimiento de la capacidad T1 mediante el envío de un Mensaje Terminal Capability Set Ack.

3. T2 informa su capacidad a T1 de enviar el mensaje Terminal Capability Set.

4. T1 reconoce a través del mensaje Terminal Capability Set Ack.

5. T1 abre un canal (media channel) con T2 enviando el mensaje Open Logical Channel. La dirección de transporte del canal RTCP es incluida en el mensaje.

6. T2 reconoce el establecimiento de un canal lógico unidireccional desde T1 a T2, enviando el mensaje Open Logical Channel Ack. Incluido en este mensaje están la dirección de transporte RTP asignada por T2 para ser utilizada por T1 para el envío de señales de audio (y / o video) RTP, y la dirección RTCP recibida desde la T1.

7. T2 abre un canal (media channel) con T1 enviando el mensaje Open Logical Channel. La dirección de transporte del canal RTCP se incluye en este mensaje.

8. T1 reconoce el establecimiento de un canal lógico unidireccional desde T2 a T1 enviando el mensaje Open Logical Channel Ack. Incluido en este mensaje están la dirección de transporte RTP asignada por T1, T2 que se utilizará para la transmisión de flujos de audio (y / o vídeo) RTP y la dirección RTCP recibida de T2. Ahora la comunicación de audio (video) bidireccional está establecida.

A partir de entonces, los paquetes de audio se pueden enviar a través del protocolo RTP, con el control siendo realizado por el protocolo RTCP. La Figura 17 ilustra el flujo de paquetes de audio (vídeo) y el flujo de control RTCP.

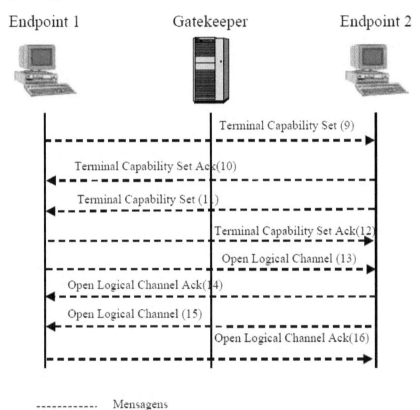

---------- Mensagens
H.245

Figura 16 - Flujo de señalización de control H.323.

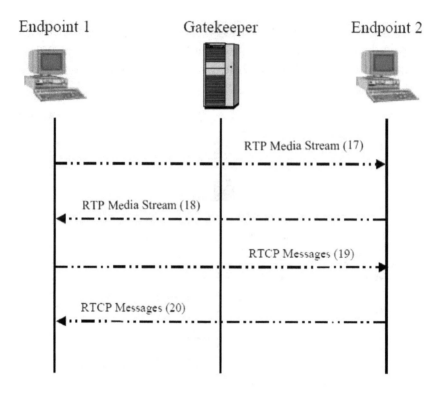

— ·· — ·· — RTP Media Stream and RCTP Message

Figura 17 - Flujo de paquetes de audio y flujos de control RTCP.

Tras el intercambio de información entre T1 y T2, la llamada debe ser deshecha. Este procedimiento implica el intercambio de mensajes H.225, H.245 y RAS, como se muestra en la Figura 18, donde se identifican los siguientes pasos:

1. T2 inicia la desconexión. El envía un mensaje (H.245) End Session Command a T1.

2. T1 confirma la desconexión enviando un mensaje End Session Command a T2.

3. T2 completa la desconexión de la llamada enviando un mensaje (H.225) Release Complete a T1.

4. T1 y T2 de desconectan del Gatekeeper enviando un mensaje (RAS) de solicitud de desconexión (DRQ - Disengage Request) al controlador de acceso.

5. El controlador de acceso desconecta T1 y T2 y confirma esta acción enviando el mensaje DCF (Disengage Confirmation) a T1 y T2.

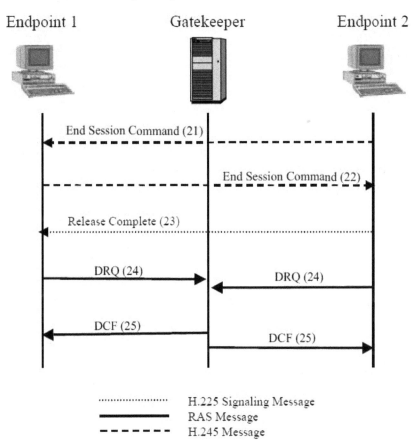

Figura 18 – Desconexión de la llamada H.323.

ENRUTAMIENTO DEL CANAL DE SEÑALIZACIÓN DE LA LLAMADA Y CANAL DE CONTROL

Los mensajes de señalización de llamada (H.225) pueden ser intercambiados entre los dispositivos de dos maneras. El primer método se denomina señalización de llamada enrutada por el Gatekeeper, y se ilustra en la Figura 19. En este método los mensajes de señalización se enrutan a través del Gatekeeper entre los dispositivos terminales. El segundo método es señalización de llamada directa entre los dispositivos, que se ilustra en la Figura 20, donde los dispositivos terminales intercambian mensajes H.225 directamente entre sí. La elección del método a utilizar es hecha por el Gatekeeper.

El mismo concepto se aplica a los mensajes de control H.245. En el método directo, ilustrado en la Figura 21, el canal de control H.245 se establece directamente entre los dispositivos terminales, mientras que en el método de enrutamiento por el Gatekeeper, ilustrado en la Figura 22, los mensajes H.245 pasan a través del Gatekeeper.

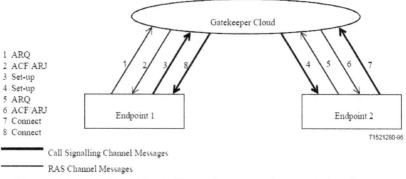

Figura 19 - señalización de llamada enrutada por el Gatekeeper.

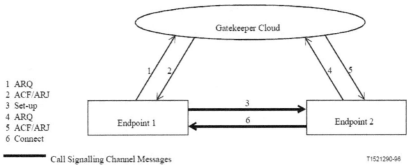

Figura 20 - Señalización de llamada directa.

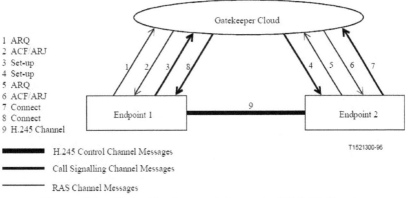

Figura 21 – Conexión de canal de control H.245 directa.

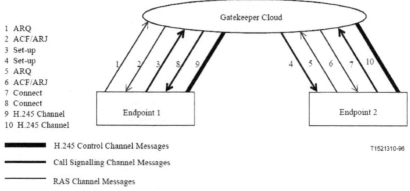

1	ARQ
2	ACF/ARJ
3	Set-up
4	Set-up
5	ARQ
6	ACF/ARJ
7	Connect
8	Connect
9	H.245 Channel
10	H.245 Channel

▬▬▬▬▬ H.245 Control Channel Messages

────── Call Signalling Channel Messages

────── RAS Channel Messages

T1521310-96

Figura 22 – Conexión de canal H.245 ruteada por el Gatekeeper.

REAL-TIME TRANSPORT PROTOCOL (RTP y RTCP)

El Real-Time Transport Protocol (RTP) es un protocolo de transporte en tiempo real que tiene como objetivo proporcionar un servicio de entrega extremo a extremo que transmite datos en tiempo real, tales como audio y video. Este protocolo se define en la RFC 1889.

Además de apoyar la transmisión de datos unicast, el RTP también admite la transmisión a múltiples destinos utilizando la distribución multicast.

A pesar de ser un protocolo de transporte, se implementa normalmente como una parte de la capa de aplicación y usualmente hace uso de los servicios de multiplexación y de chekcum ofrecidos por el User Datagram Protocol (UDP). Otros protocolos de transporte, tales como el TCP, también pueden cargar el RTP.

El RTP se compone de una parte de datos (RTP) y una parte de control, denominado RTCP. La función principal del RTCP es proporcionar realimentación de la calidad de distribución de los datos. El RTCP proporciona también soporte para conferencias en tiempo real con grupos de cualquier tamaño en el ámbito de Internet, así como soporte para la sincronización de los diferentes flujos de medios.

El RTCP se basa en la transmisión periódica de paquetes de control para todos los participantes de una sesión, utilizando los mismos mecanismos de distribución de los paquetes de datos. El RTCP define paquetes de reporte de transmisor (SR – Sender Report), utilizado para la transmisión de las estadísticas por estaciones que son transmisoras activas, y paquetes de receptor (RR – Receiver Report), utilizado para la transmisión de estadísticas de estaciones que no son transmisoras activas. Una estación se considera transmisora activa si ella envió cualquier paquete de datos durante el intervalo entre la edición del penúltimo informe y la edición del actual informe.

El paquete RTCP contiene información importante para la monitoración de la entrega de los dos paquetes de audio, tales como: jitter entre llegadas de paquetes, número de paquetes perdidos, número total de paquetes y octetos transmitidos, y otros datos útiles para el diagnóstico, seguimiento y corrección de algunos tipos de condiciones de error en la red. Por ejemplo, un codificador adaptativo puede conmutar a paquetes más pequeños, de menor calidad, cuando el retraso extremo a extremo (jitter) en la red aumenta hasta el punto donde el valor excesivo del retraso es más perjudicial para la fidelidad de la señal de audio que la transmisión en menor tasa de bits.

La Figura 23 muestra el cuadro del protocolo RTP. Las principales funciones que ofrece el RTP, a través de campos de su encabezado, son:

- IDENTIFICACIÓN DE CARGA ÚTIL: Es esencial que los paquetes RTP entregados al destino sean decodificados utilizando las mismas reglas que se utilizan en el proceso de codificación. Para este fin, el RTP identifica la información que se transporta mediante la asociación de un identificador de tipo de carga útil (campo PT) a cada paquete. Los tipos de carga útil, esencialmente codecs que se pueden utilizar para la digitalización de audio y vídeo, son identificados en RFC 1890.

- TIMESTAMPING: El retraso variable entre el origen y el destino en una red basada en paquetes, tales como Internet, hace que los paquetes lleguen a su destino con intervalos entre paquetes irregulares. Este efecto es denominado jitter y puede resultar en una pérdida significativa de calidad cuando el tráfico es de voz o de vídeo. El RTP ayuda en la solución de este problema incluyendo en su cabecera un campo de 32 bits llamado Timestamp. El contenido del Timestamp refleja el instante de muestreo del primer octeto contenido en el paquete RTP. El valor asociado al primer paquete de un flujo de paquetes se elige al azar. Para los paquetes posteriores, el valor del Timestamp es incrementado linealmente de acuerdo con el número de "ticks de reloj" que ocurrieron desde el último paquete.

- La información del campo Timestamp puede ser utilizada por el Dejitter Buffer para eliminar (o por lo menos minimizar) el jitter en la red.

- NUMERACIÓN SECUENCIAL: Las características de redes datagrama, como Internet, no garantizan la llegada en orden de los paquetes en el destino. A fin de permitir el reordenamiento de los paquetes, el RTP asocia, a través del campo Sequence Number, un número de secuencia para cada paquete enviado. Este número de secuencia puede ser utilizado también para detectar la pérdida de paquetes en la red. Aunque no se haga, usualmente, retransmiten paquetes perdidos en redes transportando tráfico en tiempo real, la información de pérdida de paquete puede ser útil en el proceso de decodificación. Por ejemplo, si el paquete N fue perdido, el decodificador puede elegir reemplazarlo con el paquete N-1.

0	1	2	3	4-7	8	9	10-14	15	16	16-30	31
V=2	P	E		CC	M		PT			Sequence Number	
Timestamp											
Synchronization source (SSRC) Identifier											
Contributing source (CSRC) Identifiers (Variable)											
Data (Variable)											

Where:

CC Contributor count
E   Extension
M   Marker
P   Padding
PT Payload Type
V   Version

Figura 23 - Cuadro RTP.

CALIDAD DE SERVICIO

Aunque hay una corriente que defiende la idea de que los usuarios están dispuestos a cambiar precio por calidad, creemos que, para la consolidación de la tecnología de la telefonía IP es necesario que el sistema sea capaz de ofrecer una calidad en el mínimo igual a lo que hoy ofrece RPT. Esta creencia se basa en el hecho de que las estructuras tarifarias de los dos tipos de red (Internet y telefonía) tienden a sufrir alteraciones, con la tarificación de Internet dejando de ser del tipo "Flat Rate", sólo con la tarificación local, y la tarificación del RPT dejando, en la medida en que las operadoras implantaran sus backbones basadas en red de paquetes (con tecnología ATM o mismo IP), de ser tan dependiente de la distancia como lo es hoy.

La calidad del servicio puede ser definida como la "capacidad de la red para garantizar y mantener ciertos niveles de rendimiento para cada aplicación de acuerdo con las necesidades específicas de cada usuario".

Aunque el concepto de calidad (QoS) usualmente se refiere a la fidelidad de la señal de voz recibida, también puede aplicarse a otros aspectos, tales como: disponibilidad de la red, la probabilidad de bloqueo, la existencia de los servicios especiales (conferencias, la identificación del usuario que llama, etc.), la escalabilidad y la penetración.

FACTORES QUE AFECTAN LA CALIDAD DE LA SEÑAL DE VOZ

La calidad de reproducción de voz en la red telefónica es fundamentalmente subjetiva, aunque las medidas estándar hayan sido desarrolladas por la ITU. Para la transmisión de voz sobre redes de paquetes hay cuatro factores principales que influyen en la calidad del servicio: ancho de banda, retardo (de extremo a extremo) del paquete, demora jitter y pérdida de paquetes.

ANCHO DE BANDA

El ancho de bando mínimo necesario para la transmisión de la señal de voz es una función de la técnica de codificación utilizada. El ancho de banda disponible en la red y el mecanismo de compartimiento de este ancho de banda entre varias aplicaciones tienen influencia directa en el retraso sufrido por el paquete y consecuentemente en la calidad del servicio resultante.

RETRASO DE PAQUETE

El retraso del paquete se define formalmente como la diferencia de tiempo, en segundos, entre el instante en que el terminal que llama envía el primer bit del paquete y el instante que el terminal llamado recibe este bit. Su comportamiento es aleatorio dependiendo de la carga en la red.

Tres problemas principales surgen de este retraso: el eco, la sobreposición del locutor y la variación en el intervalo entre llegadas de paquetes en el receptor (jitter), debido al comportamiento aleatorio de la demora.

ECO

En las redes telefónicas tradicionales el eco es generalmente causado por una falta de concordancia en las híbridas utilizadas para la conversión de los cuatro hilos del nodo de conmutación para los 2 hilos del cable telefónico que va a la casa del abonado (bucle local). Esta falta de concordancia hace que una parte de la señal transmitida sea reflejada de vuelta al origen, haciendo que el usuario pueda escuchar su propia voz algún tiempo después de la transmisión.

Para el usuario, oír su propia voz en el receptor mientras esta hablando es normal y proporciona seguridad en cuanto a lo que está siendo transmitido. Sin embargo, oír su propia voz con más de 25 [ms] de retraso pasa a ser percibido como el eco y puede causar molestias al usuario. Así, si el retraso extremo a extremo es mayor a 25 [ms], el sistema debe proporcionar mecanismos de cancelación de eco para reducir al mínimo sus efectos.

SOBREPOSICIÓN DEL LOCUTOR

El crecimiento demasiado del retraso extremo a extremo lleva a una perdida de calidad desde el punto de vista del usuario, por el retraso en la escucha de la señal de voz del suscriptor "A" puede llevar al abonado "B" a iniciar su discurso, provocando un solapamiento de los locutores. Desde el punto de vista del usuario el sistema pasa a semejarse más a un sistema half-duplex de lo que una conversación.

El límite de retraso de extremo a extremo, a partir delcual se percibe la pérdida de calidad, varía mucho de acuerdo con el usuario. Resultados de pruebas de calidad de voz ejecutadas por la ITU-T y publicadas en la recomendación G.114, son mostradas en la Figura 24. Se puede observar en la Figura que, incluso en la completa ausencia de eco, más del 10% de los usuarios tienen dificultades en mantener la conversación para retrasos (unidireccional) de 400 [ms].

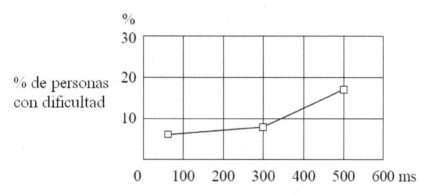

One-way transmission time

Figura 24 - Efecto de la demora en la dificultad de la conversación con cancelador de eco.

Para guiar a los operadores de redes y a los fabricantes de equipos en el control del retraso en la red, el ITU-T aprobó en 1996 la recomendación G.114, que establece el límite máximo de retraso de extremo a extremo en 400 [ms]. Es de destacar que este valor es un límite máximo, después del cual la calidad se considera inaceptable, estableciendo el límite de comodidad en 200 ms, es decir, los retrasos inferiores a 200 [ms] se consideran aceptables, los retrasos de más de 400 [ms] se considera inaceptables y los retrasos entre 200 [ms] y 400 [ms] definen un área de calidad marginal, que puede ser aceptable para ciertas aplicaciones de voz e inaceptable para los demás.

JITTER DE RETRASO

El jitter es la variación en el intervalo entre llegadas de paquetes introducidas por el comportamiento aleatorio de retardo en la red.

Un método típico de eludir el problema es añadir un buffer en la recepción que añade un retraso determinado, de modo que el retardo total experimentado por el paquete, incluyendo el retardo adicional generado por el buffer, sea igual al retardo máximo posible en la red. Este método es razonable en el entorno de las redes locales o intranets corporativas donde el retardo máximo es pequeño. En redes WAN, donde la demora máxima puede asumir valores inaceptablemente altos, este método no es aplicable. La elección de la demora máxima a ser introducida por el buffer en la recepción es entonces una solución de compromiso entre el retardo total admisible y la tasa de pérdida de paquetes.

COMPONENTES DEL RETRASO DEL PAQUETE

El retardo del paquete tiene varios componentes, unos de naturaleza fija y otros de naturaleza variable, que se describen brevemente a continuación.

RETRASO DE PROPAGACIÓN. El retardo de propagación está asociado con el tiempo que tarda la señal para propagarse en el medio de transmisión (par metal, fibra óptica, espacio libre). Este retraso es fijo y depende del tipo del medio y la distancia recorrida por la señal. Por ejemplo, para una transmisión de radio, el retardo de propagación es 3,33 [μ/km]. Este retraso es significativo sólo en redes de comunicación vía satélite donde la distancia es muy alta y donde una distancia del orden de 36.000 [km] resultada en un retraso de 120 [ms].

RETRASO DE CODIFICACIÓN / DECODIFICACIÓN. El retardo de codificación es fijo y se compone básicamente de tres partes: el tamaño de la trama y "lookahead delay", que en conjunto conforman el denominado retardo algorítmico, y el retardo de procesamiento.

Los algoritmos comúnmente utilizados en la codificación de voz procesan tramas de tamaño fijo que contienen las muestras de la señal de voz. El tamaño de esta trama, en segundos, define la ventana de codificación y corresponde al retardo mínimo de codificación. El tamaño de esta ventana es el resultado de un compromiso entre la reducción del retardo algorítmico (ventana menor) y una mayor tasa de compresión (ventana mayor). En muchos casos, el algoritmo analiza, además de la trama actual, la información contenida en la siguiente. Esta técnica permite que el codificador utilice la correlación entre frames adyacentes en el proceso de codificación a fin de reducir la tasa de transmisión (aumento de la tasa de compresión). El "lookahead delay" es la longitud del frame siguiente que el codificador utiliza en este proceso. El retardo de procesamiento corresponde al tiempo requerido para ejecutar el algoritmo de codificación para una trama dada. El tamaño de la trama y el "lookahead delay", no dependen de la forma de aplicación del algoritmo, pero el tiempo de procesamiento se puede minimizar con el uso de procesadores (típicamente procesadores digitales de señales) más rápidos. Los retrasos de decodificación son del orden de la mitad de los retrasos de codificación.

La Tabla 1 muestra los valores de estos retrasos para tres tipos de codificadores comunes para la transmisión de voz sobre redes de paquetes.

CODEC	G 723.1	G 729	G 729 A

Tasa de bits	5.3 / 6.4 kbps	8 kbps	8 kbps
Tamaño del cuadro	30 ms	10 ms	10 ms
Retraso de procesamiento	30 ms	10 ms	10 ms
Lookahead delay	7.5 ms	5 ms	5 ms
Longitud del cuadro	20/24 bytes	10 bytes	10 bytes
DSP MIPS	16	20	10.5
RAM	2200	3000	2000

Tabla 1- Algunas características de algunos códecs aplicables a VoIP.

En la Tabla 1, la longitud de trama corresponde al número de bytes en un cuadro codificado (excluyendo la cabecera); el parámetro DSP MIPS indica la velocidad mínima requerida por el procesador DSP para implementar el algoritmo de codificación; y el parámetro RAM especifica la cantidad mínima de memoria, en paquetes de 16 bits, requerida.

RETRASO DE EMPAQUETAMIENTO. Es el tiempo requerido para generar un número suficiente de tramas de voz para llenar el payload del paquete IP (o del cuadro Frame Relay o una celda ATM). Para evitar valores excesivos de la demora de empaquetamiento se puede enviar paquetes parcialmente cargados. Cabe señalar, sin embargo, que esto reduce la eficiencia del sistema (overhead / información de voz). El retraso de empaquetamiento puede, dependiendo de la situación, absorber o ser confundido con los retrasos de codificación.

RETRASO EN LOS NODOS DE LA RED. El principal retardo que los paquetes sufren dentro de la red es el retraso de puesta en cola en los routers (o conmutadores de paquetes). Este retardo es variable y depende de la duración media de servicio de un paquete, que consiste en el tiempo requerido por el router para tomar la decisión de enrutamiento más el tiempo de transferencia del paquete desde el buffer de entrada al buffer de salida (tiempo de conmutación) más el tiempo de transmisión del paquete en el enlace de salida, y del factor de utilización del enlace de salida asociado (carga). El retraso de puesta en cola es el principal responsable de la aleatoriedad del comportamiento del retraso total experimentado por el paquete, y puede tomar valores inaceptables en situaciones de congestionamiento en la red.

RETRASO POR EL JITTER DEL BUFFER. La variación de retardo (jitter) se introduce en el sistema básicamente por el comportamiento aleatorio del tiempo de puesta en cola de los paquetes en routers y es un factor de degradación de la calidad de la señal. La compensación de esta variación se realiza a través de buffers (dejitter buffers) que almacenan los paquetes que llegan con retardo variable para entregarlos al decodificador con retardo constante. Sin embargo, si la variación del retardo es alta, el retardo adicional necesario para compensar la variación puede resultar en un retraso total de extremo a extremo inaceptable. Por esta razón, se define un valor máximo de retardo admisible para el dejitter buffer.

PÉRDIDA DE PAQUETES

Las redes IP no garantizan la entrega de los paquetes. Debido a los fuertes requisitos de retraso impuestos por las aplicaciones interactivas en tiempo real, no se pueden utilizar protocolos de transporte fiables tales como TCP. La pérdida de paquetes es, por tanto, inevitable, y puede influir significativamente en la calidad de servicio de voz sobre IP. La pérdida de paquetes se define como el porcentaje de paquetes transmitidos por el host de origen (A) que no llegan al host de destino (B), y se debe principalmente a:

- Imperfecciones en la transmisión: problemas físicos en el equipo de transmisión pueden resultar en la pérdida de paquetes.

- Retraso excesivo: si se excede el parámetro "Time-to-Live" (TTL) establecido para el paquete, el paquete es descartado por la red.

- Congestionamiento: el aumento en exceso del tráfico en la red puede resultar en el desbordamiento de los buffers de los routers, resultando en la pérdida de paquetes. Además, si el protocolo RED (Random Early Detection) es utilizado el router descartará paquetes aleatoriamente.

- Desbordamiento del buffer de dejitter: si el jitter en la red es excesivo, puede resultar en un desbordamiento del buffer utilizado para compensar el jitter, con la consiguiente pérdida de paquetes.

La pérdida de paquetes de voz se percibe como "lagunas" en la conversación, que degradan la calidad del servicio. Sin embargo, un cierto porcentaje de pérdida de paquetes, entre 3 y 5%, puede ser compensada por esquemas de recuperación de los códecs. Por ejemplo, el G.723.1 interpola un cuadro perdido simulando las características vocales de la trama anterior y reduciendo lentamente la señal. La tasa máxima de pérdida de paquetes tolerable se establece por lo general en el 10%. La Figura 25 muestra los límites aceptables para la tasa de pérdida de paquetes y de retardo para VoIP.

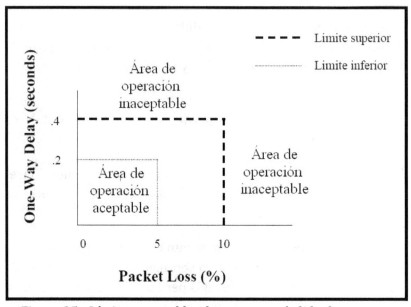

Figura 25 - Límites aceptables de retraso y pérdida de paquetes para VoIP.

Aunque la pérdida de paquetes aislados, dentro de ciertos límites, es de menor importancia debido a los planes de recuperación aplicados por codecs, la pérdida de paquetes en ráfagas, como los producidos por Internet, puede causar gran degradación en la señal recibida. Técnicas de autocorrección en el receptor (FEC - Forward Error Correction) se han propuesto para controlar la pérdida de paquetes en ráfagas de pequeño tamaño, pero aún necesitan más investigación. La desventaja de utilizar técnicas FEC es que para recuperar el paquete n (donde n es el número de secuencia del paquete), es necesario que ya se tenga recibido al menos el paquete n + 1. Por lo tanto, el esquema de FEC introduce un retardo adicional en el mínimo igual a la duración de un cuadro, además del retardo de procesamiento para el proceso de codificación y decodificación. Estos retrasos adicionales pueden hacer que el cuadro pueda recuperarse demasiado tarde, es decir, el retardo total puede exceder el límite aceptable, lo que resulta en la eliminación del paquete.

Un esquema alternativo de recuperación de la pérdida de paquetes en ráfagas a través FEC implica la transmisión de copias de k cuadros anteriores en el paquete que contiene el cuadro n. Por ejemplo, si k = 2, el paquete contendrá los cuadros n, n - 1 y n - 2. Si el paquete n - 1 se pierde, todavía puede ser reconstruido a partir del paquete n o del paquete n + 1. Al igual que otros sistemas FEC, esto también será más eficaz en escenarios donde el buffer receptor tiene una longitud de varios cuadros.

MECANISMOS PARA PROPORCIONAR CALIDAD DE SERVICIO EN VoIP

Para alcanzar un nivel de QoS adecuado para el tráfico de voz sobre una red IP se pueden adoptar una serie de medidas para: garantizar el ancho de banda requerido para la transmisión de paquetes de voz (por ejemplo: Protocolos de reserva de recursos), minimizar los retrasos sufridos por los paquetes en la red y que sean lo más constantes posible (por ejemplo: utilización de mecanismos de priorización de paquetes de voz, utilizar técnicas de enrutamiento que favorezcan a las rutas con menos retardo, utilizar los mecanismos más eficientes para el enrutamiento de paquetes en los routers) y eliminar o minimizar la fluctuación (jitter) de retardo sufrido por los paquetes (por ejemplo: usar dejitter buffer).

En esta sección se analizarán las principales técnicas para proporcionar calidad de servicio en redes IP que transportan tráfico de voz. En general, estas técnicas están asociadas con las funciones siguientes:

- Clasificación del tráfico, a fin de distinguir un tipo de otro.

- Priorización de paquetes de tráfico de voz.

- Seguimiento y conformación de servicio.

- Gestión del congestionamiento.

- Fragmentación de grandes paquetes de datos y entrelazado de estos paquetes con los paquetes de voz.

- Garantía de ancho de banda para el tráfico de voz.

- Compensación, en el receptor, de la variación del atraso en la red.

DEJITTER BUFFER

Los efectos de la fluctuación o variaciones de retraso en VoIP pueden ser eliminados o reducidos por el uso de buffers en la recepción denominados dejitter buffer. El dejitter buffer almacena temporalmente los paquetes de voz recibidos, introduciendo un retardo adicional antes de enviarlos al receptor, con el fin de igualar el retardo total sufrido por todos los paquetes. Por ejemplo, la Figura 26 ilustra un sistema donde el dejitter buffer introduce retrasos adicionales de modo que todo paquete recibido tenga un retardo total de 120 [ms]. El paquete 1, que se retrasó 100 [ms] en la red, sufre un retraso adicional de 20 [ms], y el paquete 2, que se retrasó 90 [ms] en la red, sufre un retraso adicional de 30 [ms].

La elección de retardo en el dejitter buffer es crítica. Para que el dejitter buffer sea capaz de eliminar completamente el efecto de la fluctuación, su ventana de retardo debe ser igual a la diferencia entre el retardo máximo y mínimo de la red. Por ejemplo, si el mínimo retardo en la red es de 70 [ms] y el retardo máximo es de 130 [ms], con un retardo nominal de 100 [ms] un dejitter buffer con ventana de retardo de 60 [ms] (los retardos introducidos por el buffer 0 y 60 [ms]) es capaz de eliminar completamente la fluctuación, haciendo que todos los paquetes recibidos tengan un mismo retardo de 130 [ms]. Este principio se ilustra en la Figura 27, que muestra un ejemplo de la distribución estadística de los retrasos de red y el retardo total experimentado por todos los paquetes después del dejitter buffer.

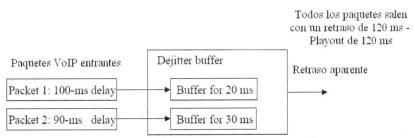

Figura 26 - Operación del dejitter buffer.

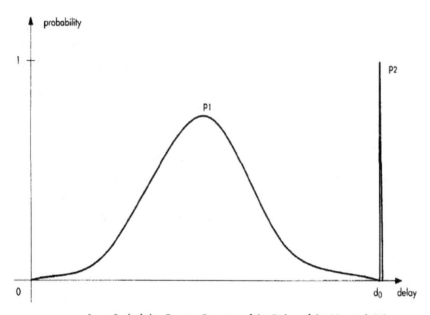

p1 : Probability Density Function of the Delay of the Network (H)
p2 : Probability Density Function of the Delay after Conditioning of the Terminal (G . H)

Figura 27 - Ejemplo del comportamiento estadístico de retraso en la red.

Si la variación en el retardo en la red es demasiado grande, como en el caso de Internet por ejemplo, el intento de eliminar la fluctuación mediante el aumento de la ventana de tiempo del dejitter buffer toma los paquetes sin jitter pero con retrasos totales inaceptablemente altos y por lo tanto inútiles. En este caso una solución de compromiso debe ser adoptada, y un valor aceptable para la ventana de tiempo del dejitter buffer fijado. Esta solución, sin embargo puede conducir a la pérdida de paquetes causada por retardos excesivos en la red o por desbordamiento excesivo del dejitter buffer. Por ejemplo, considere la siguiente situación: una red tiene un retraso nominal de 150 [ms] y utiliza un dejitter buffer con ventana de retardo de 100 [ms], es decir, el buffer retrasa los paquetes entre 0 y 100 [ms]. Suponiendo que la distribución del retraso en la red es simétrica con respecto a la media, este sistema es capaz de compensar la variación de retardo entre 100 y 200 [ms]. Los paquetes que lleguen al dejitter buffer con un retraso superior a 200 [ms] (llamados paquetes muy retrasados) no podrán tener el jitter compensado y serán desechados; por otro lado, los paquetes que lleguen al dejitter buffer con un retardo de menos de 100 [ms] pueden causar desbordamiento del buffer y la pérdida de paquetes en consecuencia.

Para hacer la operación del sistema más eficiente es deseable que el tamaño de la ventana de tiempo del dejitter buffer sea adaptable. Es decir, la ventana de tiempo del buffer aumenta (hasta cierto límite) o disminuye acompañando la variación de la fluctuación en la red. Para comprender mejor el beneficio de esta facilidad piense en el siguiente ejemplo: una red tiene un retardo nominal de 150 [ms]. En un momento dado el retardo en la red se comporta de tal manera que el retardo mínimo es de 50 [ms] y el retardo máximo es de 500 [ms]. Para compensar la fluctuación la ventana de tiempo del dejitter buffer debería ser 450 [ms] (retrasos entre 0 y 450 [ms]). Sin embargo, como vimos anteriormente, los retrasos de más de 400 [ms] se consideran inaceptables, y la ventana del dejitter buffer se debe configurar para 350 [ms] (retrasos entre 0 y 350 [ms]), lo que resulta en un retraso total de cada paquete igual a 400 [ms]. Los paquetes que lleguen con retraso superior a 400 [ms] serán descartados.

Supongamos ahora que las condiciones de funcionamiento de la red del ejemplo anterior han cambiado y los valores del retardo máximo y mínimo fueron cambiados a 75 y 225 [ms] respectivamente. Si se mantiene la operativa del dejitter buffer, el retardo total experimentado por cada paquete continuará siendo de 400 [ms]. Este valor, aunque se define como el máximo tolerable, es muy superior al máximo aceptable para una operación con buena calidad, que es de 200 [ms]. Si el dejitter buffer es capaz de percibir este cambio en el comportamiento de la red, puede cambiar el tamaño de su ventana de retardo para 150 [ms], lo que resulta en paquetes sin jitter con retardo total igual a 225 [ms], y por lo tanto más que cerca del límite aceptable de 200 [ms]. Otra opción es establecer el tamaño de la ventana a 125 [ms], lo que resultaría en paquetes con retraso total máximo de 200 [ms], por lo tanto, dentro de los límites aceptables, y dejando caer los paquetes que habían llegado a la memoria intermedia de fluctuación en mora 200 [ms].

La característica de ajuste del dejitter buffer se logra básicamente a través de la medición y comparación continua del retraso de los paquetes que llegan (retardo instantáneo) con una referencia (retardo de referencia). Esta referencia se actualiza continuamente sobre la base del retraso promedio ponderado de los paquetes recibidos en un determinado período de tiempo, con mayor peso para los paquetes recibidos más recientemente. Por lo tanto, se consigue un ajuste dinámico del tamaño de la ventana de tiempo del dejitter buffer en el tiempo, de modo que el retraso instantáneo nunca se desvía demasiado del ajuste referencia.

Si el retardo instantáneo oscila poco, esto corresponde a una baja fluctuación, y el dejitter buffer se establece para una pequeña ventana de tiempo a fin de no aumentar el retardo global de extremo a extremo.

Si el retardo instantánea empieza a oscilar demasiado, se tiene una alta fluctuación y el dejitter buffer asume una ventana de tiempo más grande para evitar la degradación de la calidad, sin embargo, el retardo global queda aumentado.

En general, la elección del tamaño de la ventana es una solución de compromiso entre el retardo de los paquetes y la tasa de pérdida de paquetes. Ventanas más grandes generan más retrasos y menor pérdida de paquetes, mientras que las ventanas más pequeñas resultan en retrasos más bajos y mayor pérdida de paquetes.

La Figura 28 ilustra la interacción entre el retraso y la pérdida de paquetes para una distribución determinada en la red de distribución. La línea vertical representa el retraso total de los paquetes después del dejitter buffer (playout point). La tasa de pérdida de paquetes está representada por el área bajo la curva a la derecha de la línea vertical. Cuando nos movemos de la línea a la izquierda, el retardo total disminuye pero la tasa de pérdida de paquetes aumenta. Cuando nos movemos de la línea a la derecha, las pérdidas se reducen a expensas de un mayor retraso.

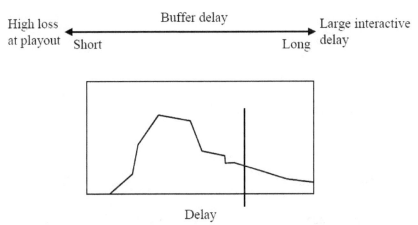

Figura 28 - Interacción entre el retraso y la pérdida de paquetes.

La Figura 29 ilustra la relación del retraso y la tasa de pérdida de paquetes con la calidad de servicio en la red. Cuatro niveles de calidad de servicio (QoS) se definen en la figura: Toll quality (deseable), Good quality, Potentially useful quality y Poor quality (inaceptable).

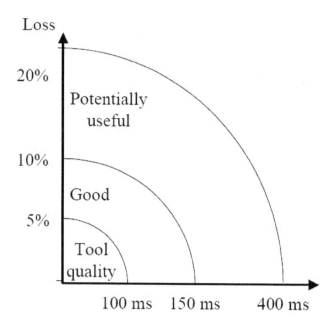

Delay

Figura 29 - Relación entre el retraso, pérdida de paquetes y QoS.

CLASIFICACIÓN O IDENTIFICACIÓN DEL TRÁFICO

Uno de los mecanismos para lograr el nivel QoS apropiado para los diferentes tipos de tráfico a través de una red de paquetes es diferenciar el tratamiento que los nodos de red dispensan a cada tipo de tráfico. La clasificación de paquetes, que corresponde a la identificación del tráfico transportado por cada paquete, es por tanto una de las técnicas básicas para la obtención de QoS en una red de paquetes transportando voz.

La propia clasificación de tráfico no es una herramienta directa para lograr QoS, pero si una técnica auxiliar que permitirá la aplicación de otras técnicas, tales como la política de priorización de la transmisión o eliminación de ciertos tipos de paquete, en función del tráfico transportado.

La clasificación del tráfico se puede hacer paquete a paquete (analizando las características del tráfico de cada paquete) o sesión a sesión (cuando el transmisor negocia una clasificación extremo a extremo antes de la transmisión). La política de clasificación de paquetes es fijada por el operador de red y puede basarse en varios criterios, tales como: tipo de tráfico contenido en el paquete, la dirección de la puerta física, dirección MAC, dirección IP de la fuente o destino, puerta de aplicación, etc.

La clasificación de los paquetes se puede hacer por las fuentes de tráfico externas, por los dispositivos de borde, o por dispositivos de backbone de la red. Cuando la clasificación se hace por la fuente (o por red a downstream), la red puede aceptar la calificación entrante o reclasificar el tráfico de acuerdo a su propia política. Los criterios para la clasificación de tráfico pueden ser tan amplios como "el tráfico destinado a la red X" o tan estrechos como "el tráfico del flujo Y". En el backbone de la red la granularidad de la clasificación tiende a ser menor, debido al gran número de flujos existentes.

La Figura 30 muestra un ejemplo de una red LAN conectada a una red WAN. Típicamente, el tráfico se clasifica en la red LAN antes de ser enviado a la red WAN. Los dispositivos de la WAN utilizan la clasificación, informada a través de los bits de PRECEDENCE del campo ToS de la cabecera IP, por ejemplo, para determinar los requisitos de servicio para el tráfico. Los dispositivos de la WAN pueden limitar el ancho de banda disponible para el tráfico, priorizar, o incluso cambiar la clasificación de tráfico.

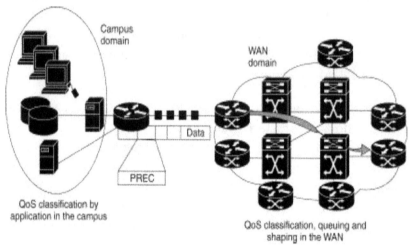

Figura 30 - QoS en redes LAN y WAN.

Los métodos de marcado de los paquetes con su clasificación incluyen el uso de encabezados de las capas 2, 3 o 4, o mismo definiendo campos especiales dentro del payload del paquete. A modo de ilustración se presenta a seguir como puede ser hecha la clasificación usando: el campo ToS de la cabecera IPv4, el campo ToS en la arquitectura de servicios diferenciados y la cabecera MAC extendida definida en el estándar IEEE 801.D.

IP PRECEDENCE: Los tres primeros bits del campo ToS de la cabecera IPv4, llamados bits de prioridad, definen la prioridad relativa de los datagramas, estableciendo hasta seis tipos distintos de servicio. Los siguientes cuatro bits, llamados Type of Service, consisten en cuatro flags para varios tipos de servicios y el último bit no se utiliza. La Figura 31 ilustra el campo ToS de la cabecera IP.

RFC 791 define el significado de los ocho valores posibles de los bits de precedencia, como se muestra en la Tabla 2.

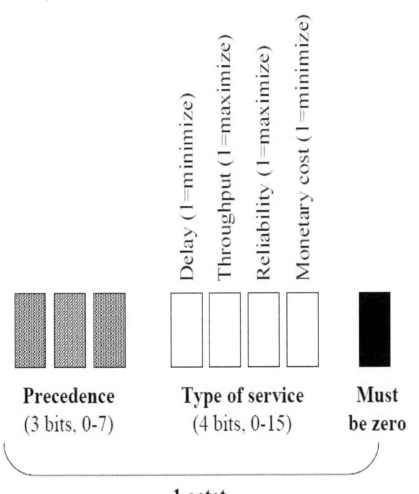

Figura 31 - Campo ToS de la cabecera IP.

Valor de los bits de precedencia	Tipo de tráfico
000 – 0	Routine
001 – 1	Priority
010 – 2	Inmediate
011 – 3	Flash
100 – 4	Flash Override
101 – 5	Critical
110 – 6	Internetwork control
111 – 7	Network control

Tabla 2 – Valores y significados de los bits de prioridad

Aunque el RFC 791 define determinados tipos de tráfico, otros valores de propiedad se pueden hacer. Los valores 6 y 7 mostrados en la Tabla 2 se reservan para información de control de la red, como las actualizaciones de enrutamiento.

No existe una definición de cómo el router debe comportarse cuando recibe un paquete con una de las prioridades mostradas en la Tabla 2. La RFC 791 describe los bits de Precedencia como "una medida de importancia" del paquete.

De modo que cada elemento subsiguiente de la red puede proporcionar el servicio basado en la política establecida, la prioridad del paquete se establece como lo más cerca del borde de la red. Podemos ver la definición de precedencia como una función de borde que permitirá a los dispositivos del núcleo o backbone de la red ejecutar funciones para obtener QoS. Por ejemplo, los routers en el backbone de la red pueden utilizar los bits de prioridad para determinar el orden de transmisión o la probabilidad de descartar el paquete.

Además de los bits de precedencia, los bits Type of Service también pueden ser usados para definir el tratamiento que debe darse al paquete. Los bits de precedencia generalmente guían el comportamiento por hop (eliminación, en cola, prioridad y transmisión), mientras que los bits Type of Service guian el comportamiento inter-red (selección de ruta, por ejemplo).

- ARQUITECTURA DE SERVICIOS DIFERENCIADOS: La Arquitectura de Servicios Diferenciados redefinirá el uso de los 8 bits del campo ToS de la cabecera IP, para indicar a los dispositivos de la red que los paquetes deben ser manejados de una manera especial. Una de las propuestas existentes se muestra en la Figura 32, tres bits definen ocho clases de tráfico y tres establecen la prioridad de un paquete dentro de una clase.

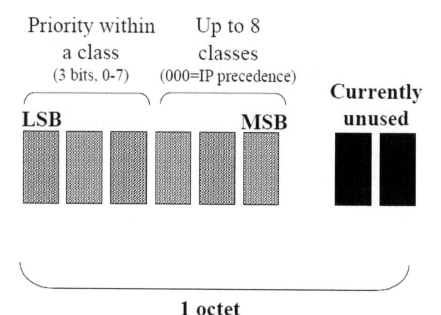

1 octet

Figura 32 - Significado de los bits del campo ToS en la arquitectura DiffServ.

- CABECERA MAC IEEE 801.D: El estándar IEEE 802.1.D, que incluye el 802.1.p e Q, define una extensión de 32 bits a la cabecera MAC de las redes Ethernet y Token Ring. Doce bits de este espacio se utilizan como etiquetas para las redes VLAN; sin embargo, tres bits dentro de la cabecera 802.1.Q (definidos en el estándar 802.1.p) se utilizan para la señalización de la clase de servicio en la red, permitiendo establecer ocho niveles de prioridad para la clasificación de tráfico, pero sin información del tipo de servicio para incluir, por ejemplo, la elegibilidad para su eliminación. La trama MAC con el encabezado extendido se ilustra en la Figura 33, mientras que el significado de los ocho niveles de prioridad se muestra en la Tabla 3.

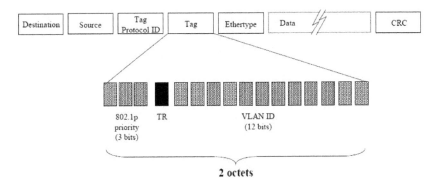

Figura 33 – Trama MAC con cabecera extendida IEEE 802.1.D.

Valor	Nombre	Ejemplos	Características
7	Control de la red	RIP, OSPF,BGP4	Crítico para la operativa de la red
6	Voz	NetMeeting audio	Sensible a latencia y jitter; pequeño ancho de banda
5	Video	PictureTel, Indeo	Gran ancho de banda; sensible a jitter
4	Carga controlada	SNA Transactions	Tiempo de respuesta previsible, aplicaciones sensibles a latencia
3	Esfuerzo excelente	SAP, SQL	Tráfico crítico (negocios) que soportan retrasos
2	Mejor	Mejor esfuerzo	Mejor esfuerzo

esfuerzo

| 1 | <default> | <default> | <default> |
| 0 | Background | FTP backups | Insensible a latencia |

Tabla 3 – Niveles de prioridad definidos en el estándar IEEE 802.1.p.

COLOCACIÓN, PRIORIZACIÓN Y DISCIPLINA DE DESPACHO

Con el fin de absorber situaciones momentáneas de congestión en la red, donde la tasa de llegada de paquetes excede la capacidad del enlace de salida, los nodos de una red de paquetes (por ejemplo, los routers en una red IP) tienen buffers especiales para el almacenamiento temporal de paquetes, llamados colas. La disciplina de despacho define cómo el nodo de red servirá los paquetes almacenados en las colas. Cuando la red transporta simultáneamente tráfico de voz y datos, debe asociarse niveles de prioridad diferentes para ambos tipos de tráfico, con la disciplina de despacho priorizando el tráfico de voz para minimizar el retraso que estos paquetes sufren en cada nodo de la red.

En los siguientes puntos se presentan las principales disciplinas de despacho, asociadas a redes de paquetes, indicando su aplicabilidad para la obtención de QoS en redes VoIP.

FIRST-IN, FIRST-OUT – FIFO

Está es la disciplina de despacho más simple. Ningún concepto de prioridad o clase tráfico se utiliza, con todos los paquetes siendo tratados por igual. Sólo hay una cola de salida, los paquetes recibidos se almacenan y se envían en el mismo orden en que llegaron.

En este tipo de cola, las fuentes de tráfico con mal comportamiento pueden consumir todo el ancho de banda disponible, una explosión de tráfico puede causar retrasos inaceptables en el tráfico sensible al retardo y paquetes que pertenecen al tráfico más importante se pueden perder debido a un desbordamiento del buffer, causado posiblemente por tráfico menos importante.

Este tipo de disciplina de despacho, por lo tanto, no es adecuada para aplicaciones de VoIP.

PRIORITY QUEUEING – PQ

En esta técnica hay colas separadas para diferentes clases de prioridades. Por ejemplo, podemos tener cuatro niveles de prioridad (alta, media, normal y baja), con una cola asociada con cada nivel, como se muestra en la Figura 34.

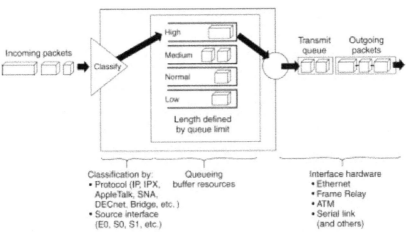

Figura 34 – Priority Queueing con cuatro niveles de prioridad.

Los paquetes, una vez clasificados, se envían a la cola con el nivel de prioridad correspondiente. Durante la transmisión, el algoritmo de despacho da un trato preferencial absoluto a la cola con la prioridad más alta a expensas de las colas con menor prioridad. Es decir, en el momento de la transmisión el algoritmo siempre busca un paquete en la cola de alta prioridad; si no hay ningún paquete en esta cola, un paquete de la fila de prioridad media es buscado, y así sucesivamente hasta llegar a la cola con la prioridad más baja.

Un gran volumen de tráfico de mayor prioridad puede retener el tráfico de menor prioridad durante un tiempo inaceptablemente alto; este fenómeno se conoce como "starvation". En el peor de los casos, debido a un gran volumen de tráfico de alta prioridad, por ejemplo, el tráfico de baja prioridad nunca puede ser transmitido. Para evitar esto, se pueden utilizar herramientas de formatación de tráfico o CAR (Committed Access Rate), con el fin de restringir la tasa de llegada de tráfico de alta prioridad. La técnica Priority Queueing da mejores resultados cuando el tráfico de mayor prioridad consume la menor cantidad de ancho de banda del canal, es decir, tiene menos volumen.

CUSTOM QUEUEING – CQ

En esta técnica se tiene una cola para cada tipo de tráfico especificado. Las colas se sirven de forma cíclica (round-robin), permitiéndose especificar el número de paquetes (o bytes) a ser transmitidos de cada fila para cada ciclo de servicio. De esta manera, se puede especificar el ancho de banda mínimo del canal disponible para cada tipo de tráfico y, teniendo en cuenta la existencia de paquetes para todos los tráficos especificados, el valor aproximado del porcentaje de ancho de banda del canal utilizado para cada tipo de tráfico. El ancho de banda no utilizado por una cola (por falta de tráfico) se distribuye de forma natural a la otra, el mecanismo de despacho de paquetes.

Un ejemplo de implementación del algoritmo Custom Queueing, hecho por Cisco, se muestra en la Figura 35 y se describe a continuación:

- El sistema mantiene 17 colas, una para el tráfico del sistema (fila 0) y 16 configurables por el usuario.

- Asociado a cada una de las 16 colas configurables existe un contador (programable) que especifica cuántos bytes se transmitirán desde la cola a cada ciclo de servicio. También se puede especificar el número máximo de paquetes en cada cola.

- Un ciclo de servicio es comprendido por el tratamiento secuencial (round-robin) de las 17 colas existentes.

- La primera cola atendida es la cola 0, que se utiliza para el transporte de paquetes de alta prioridad del sistema, como mensajes de mantenimiento de conexión y de señalización. Todos los paquetes de la cola 0 se transmiten antes de que la cola 1 sea atendida.

- Cuando una de las colas configurables está siendo atendida, los paquetes se envían hasta que el número de bytes transmitidos exceda el valor del contador de bytes asociado, o la cola esté vacía. Cuando el número de bytes transmitidos supera el valor del contador, el paquete actual se transmite hasta el final.

- Las colas se configuran de forma estática, no respondiendo automáticamente a las condiciones cambiantes de la red.

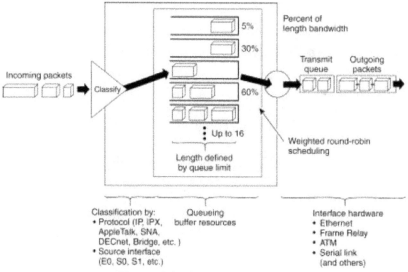

Figura 35 - Custom Queueing.

Para obtener una distribución de la utilización del ancho de banda de canal entre los diferentes tipos de tráfico, la elección del valor inicializado en cada contador de bytes debe ser cuidadosa. Por ejemplo, supongamos que tenemos tres tipos de tráfico, uno con paquetes de 500 bytes, uno con paquetes de 300 bytes y otro con paquetes de 100 bytes. Si queremos dividir el ancho de banda del canal en partes iguales entre los tres, podríamos inicializar todos los contadores con 200 bytes, por ejemplo. Sin embargo, esto no resultaría en la distribución deseada (1/3 del ancho de banda para cada tráfico), pues a cada ciclo tendríamos un paquete de la primera cola (500 bytes), uno de la segunda (300 bytes) y dos de la tercera (2 x 100 bytes) transmitidos. La distribución de ancho de banda resultante para las colas 1, 2 y 3 sería del 50%, 30% y 20%, respectivamente.

Por lo tanto, inicializar los contadores con valores pequeños puede resultar en una distribución muy diferente de la deseada. Una solución sería inicializar los contadores con valores altos, por ejemplo 10 Kbytes para cada una de las colas del ejemplo anterior, pero esto daría lugar a un intervalo grande de tiempo entre dos rondas consecutivas de servicio en la misma cola, lo que resulta en el llamado efecto "jerky".

- Para orientar en la elección del valor inicial de los contadores, Cisco propone el siguiente algoritmo, que parte del principio de que se conoce el tamaño de los paquetes asociados con cada cola:

- Para cada fila, divida el porcentaje de ancho de banda que desee asignar por el tamaño del paquete en bytes. Por ejemplo, supongamos los siguientes tamaños de paquetes: protocolo A = 1086 bytes, protocolo B = 291 bytes, protocolo C = 831 bytes. Si queremos asignar 20% de ancho de banda para A, 60% para B y 20% para C, los resultados obtenidos serían: 20/1086 = 0,01842, 60/291=0,20619 y 20/831 = 0,02407.

- Normalizar los números obtenidos dividiéndolos por el número más pequeño. El resultado es la relación entre el número de paquetes que deben ser enviados de manera que cada protocolo utilice los porcentajes de ancho de banda esperados (20-60-20). En nuestro ejemplo tendríamos 1, 11.2 y 1.3.

- Aproxime los números obtenidos en el paso 2 al entero superior inmediato: 1, 12, 2.

- Convertir el resultado obtenido en el paso 3 en bytes, multiplicando el resultado por el tamaño del paquete en cada protocolo. En nuestro ejemplo tenemos: 1086 (1 x 1086), 3492 (12 x 291) y 1662 (2 x 831). Este es el valor con que cada contador debe ser inicializado.

Determinar el porcentaje de ancho de banda asignado para cada protocolo: 1086/6240 = 17,4%, 3492/6240 = 56% y 1662/6240 = 26,6%. Si la asignación resultante no es satisfactoria vaya al paso de ajuste (6), de lo contrario, termine.

Si el resultado no es satisfactorio, intente ajustar con más precisión el resultado multiplicando los números obtenidos en el paso 2 por una constante (no necesariamente un número entero) y vuelva al paso 3. Por ejemplo, multiplicando por 2 y repitiéndose los pasos 3, 4 y 5 se obtendría la siguiente secuencia y porcentaje de transmisión de banda: 2 paquetes de 1086 bytes del protocolo A (19% de la banda), 23 paquetes de 291 bytes del protocolo B (59% del ancho de banda) y 3 paquetes de 831 bytes del protocolo C (22% de la banda).

Podemos ver entonces que el tamaño del paquete en cada tráfico influye significativamente en la elección del valor del contador y el resultado obtenido.

Otro factor que afecta a la distribución de ancho de banda es el tamaño de la ventana. Si la ventana de un protocolo particular es igual a 1, el protocolo no colocará otro paquete en la cola hasta que reciba un acuse de recibo. Por lo tanto, con un tamaño de ventana de tamaño 1, un único paquete de cada cola se enviará a la vez, a pesar de que el valor del contador permita el envío de más de un paquete. Por lo tanto, el tamaño de la ventana asociada con cada protocolo debe ser mayor que el número de paquetes correspondientes al valor de inicialización del contador para que el objetivo de distribución de banda funcione correctamente.

WEIGHTED ROUND ROBIN – WRR

En la técnica de WRR se asocia un peso con cada clase de tráfico, posiblemente en base a los contenidos del campo ToS de la cabecera IP. Este peso se utiliza para determinar el porcentaje de ancho de banda de canal que se asigna a cada clase de tráfico, de acuerdo con la siguiente fórmula: $Pi = (Wi / S) \times B$. Donde Pi es la tasa (en bps) que se asigna para el tráfico de la clase i; Wi es el peso asociado a la clase de tráfico i; S es la suma de los pesos asignados a todas las clases de tráfico; y B es el ancho de banda total del canal.

Las colas se sirven en orden descendente de prioridad (peso). Sin embargo, al contrario de la operación de la disciplina PQ, donde una cola sólo comienza a ser atendida después del cumplimiento de todas las colas de mayor prioridad, en la ténica WRR el servicio se desplaza a la siguiente cola si la cola actual está vacía o si el porcentaje de banda atribuido a ella se supera. El control de ancho de banda es realizada por un contador de bytes asociado con cada cola, que indica el número de bytes que serán transmitidos a cada ciclo de servicio, de forma similar a la disciplina CQ.

WEIGHTED FAIR QUEUING – WFQ

Antes de describir el funcionamiento de la disciplina de despacho WFQ, vamos a describir el algoritmo llamado BRR (bit-by-bit round robin), en la que se basa el WFQ. En el BRR cada flujo se mantiene en una cola de salida exclusiva y un bit de cada flujo es enviado por el enlace de salida a cada ciclo de servicio. Por ello, el BRR divide la banda del canal de forma equitativa por los N flujos existentes, atribuyendo a cada fracción de 1/N del ancho de banda del canal. Este enfoque hace que el BRR sea un gran algoritmo desde el punto de vista de la equidad de la distribución de los recursos del canal entre los diferentes flujos, pero la implementación es inviable, debido a la sobrecarga resultante de la transmisión de un solo bit a la vez por el canal.

Una disciplina de despacho llamada Fair Queuing (FQ) simula el algoritmo BRR sin la restricción de servir a las colas bit-a-bit. En el FQ existe en una sola cola de salida. Cuando se recibe un paquete, el algoritmo FQ calcula el instante de tiempo (T_P) en que el último bit de este paquete sería transmitido si el algoritmo BRR estuviese siendo utilizado. Este instante de tiempo es tratado como un parámetro y asociado al paquete. Los paquetes son ordenados en la cola de salida en función del parámetro T_P, en orden ascendente; es decir, los paquetes con menor valor de T_P se colocan en la cola por delante de otros paquetes con mayor valor de T_P. Los paquetes se transmiten de uno en uno, en su totalidad, por el enlace de salida, y no bit-a-bit como en la técnica BRR.

La técnica FQ busca la distribución equitativa del enlace por parte de los flujos, sin diferenciar un flujo del otro, no siendo por lo tanto apropiada en redes donde hay necesidad de priorizar la transmisión de ciertos tipos de tráfico, como en las redes VoIP.

La disciplina WFQ posee el mismo principio de la técnica FQ, sin embargo ofrece la posibilidad de diferenciar un flujo del otro flujo, a través de un peso asignado a cada flujo. Este peso se utiliza en el momento de calcular el valor de T_P asociado con cada paquete. Para simular el BRR, el WFQ supone, para cada paquete, la transmisión de una cantidad de bits proporcional al peso asociado al flujo (y no un único bit como en el caso del FQ). Así, el WFQ no hace una división equitativa del ancho de banda entre los flujos, sino que asigna un mayor porcentaje de ancho de banda para los flujos con mayor peso.

El WFQ divide el tráfico en diferentes flujos basados en la información del encabezado, tales como: la dirección IP de origen o de destino, puerto TCP o UDP de fuente o destino, dirección MAC, identificador de conexión de enlace de datos (DLCI) del Frame Relay y el valor del campo ToS.

El WFQ permite tratar un flujo específico o un conjunto de flujos agregados en una clase de servicio (a veces es denominado CBWFQ - Class Based Weighted Fair Queuing), siendo por tanto adecuado tanto para la arquitectura IntServ, que opera por flujo, como para la arquitectura DiffServ, que opera por clase de servicio. A cada flujo (o clase de flujos) se le asigna un peso, que se utilizará para determinar la fracción de ancho de banda asignada al flujo.

En una aplicación en la que deseamos diferenciar sólo el tráfico de voz del tráfico de datos, se pueden definir sólo dos clases de flujo: flujo de voz y flujo de datos. Al flujo de voz se le asignaría un peso mayor (5 para voz y 1 para datos, por ejemplo), con el fin de proporcionar un trato preferencial en materia de transmisión de los paquetes, mientras que los flujos de datos compartirían el ancho de banda restante equitativamente. La Figura 36 ilustra un sistema con dos líneas, una para tráfico de voz y otra para los flujos de datos; para el tráfico de voz se asigna un mínimo de 80 kbps, de los 128 kbps disponibles en el enlace. Cabe señalar que, con el fin de garantizar un ancho de banda mínimo para el tráfico de voz, el peso atribuido a este tipo de tráfico se debe ajustar dinámicamente con el perfil de tráfico de la red. Por ejemplo, si el número de flujos de datos aumenta, en un instante dado, es necesario aumentar el peso del tráfico de voz (o disminuir el peso del tráfico de datos) a fin de mantener la distribución de la banda anterior.

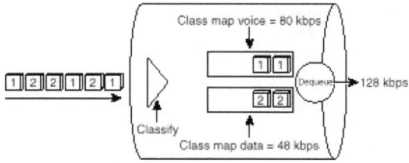

Figura 36 - Ejemplo de compartimiento del tráfico de voz y de datos usando WFQ.

WFQ E IP PRECEDENCE

Los bits de prioridad de la cabecera IP pueden ser utilizados para establecer el peso asociado a cada flujo (así como el valor del campo ToS en la arquitectura DiffServ). Supongamos que el peso asociado a cada flujo es el valor contenido en los bits de precedencia más uno y que tenemos un flujo para cada uno de los 8 valores posibles de los bits de precedencia (0 a 7). Por lo tanto, hay ocho pesos diferentes, de 1 a 8, cada uno asociado a cada uno de los ocho flujos. La distribución del ancho de banda entre los ocho flujos será dada por la división del peso asociado a cada flujo por el sumatorio de los pesos, es decir, el flujo de peso i será i / 36 de la capacidad del enlace. Supongamos ahora que el número de flujos con peso 2 aumentó a dieciocho. La suma de los pesos de todos los flujos es ahora de 70, y un flujo de peso i se sustituye por i/70 de la capacidad del enlace. Este ejemplo muestra la capacidad de adaptación del WFQ a los cambios en el comportamiento del tráfico.

WFQ Y RSVP

El RSVP y el WFQ pueden interactuar con el RSVP utilizando el WFQ para asignar espacio en los buffers haciendo el análisis de los paquetes y garantizar el ancho de banda necesario para los flujos reservados. En este caso, la asignación de los pesos para cada flujo se da en función de los parámetros de reserva del RSVP. Esta situación puede ser utilizada, por ejemplo, en la implementación de la arquitectura IntServ.

MODIFIED DEFICIT ROUND ROBIN – MDRR

En esta técnica, implementada por Cisco, hay un número de colas determinado (ocho, por ejemplo), de entre las cuales una cola, llamada LLHP (Low Latency High Priority) tiene prioridad sobre las otras. Para la cola LLHP son enviados los paquetes que pertenecen a la clase para la cual se desea dar tratamiento diferenciado, como por ejemplo, paquetes de voz. A cada ciclo de servicio el router transmite primero todos los paquetes de LLHP, para entonces servir a las otras colas con una disciplina round-robin. El número de paquetes servidos desde cada cola (menos de la LLHP) depende del peso asociado a la misma, que está representado por un contador de bytes, de forma similar a la descrita para la cola CQ. La Figura 37 ilustra el funcionamiento de la técnica MDDR.

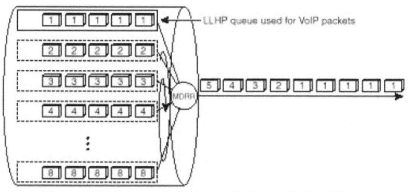

Figura 37 – Operación Strict Mode de la técnica MDDR.

CONTROL DE CONGESTIÓN

Técnicas de control de la congestión supervisan el tráfico en la red para anticipar y prevenir la ocurrencia de congestión, generalmente a través del descarte de paquetes. Las dos técnicas principales que operan con este objetivo son la Random Early Detection (RED) y su versión con ponderación, Weight Random Early Detection (WRED).

RANDOM EARLY DETECTION (RED)

Cuando sucede un timeoyt en el transmisor TCP, el protocolo reduce el tamaño de la ventana de transmisión e inicia el proceso de inicio lento (slow start), donde el tamaño de la ventana se aumenta gradualmente a medida que el transmisor va recibiendo acuses de recibo positivos desde el receptor.

Si un paquete de un flujo TCP se descarta por la red, habrá un timeout y el procedimiento descrito en el párrafo anterior tendrá inicio. Como consecuencia de la reducción del tamaño de la ventana de transmisión, tenemos la reducción en la tasa de transmisión de paquetes.

Si la pérdida de paquetes es debido a la congestión en el router, la reducción de la tasa de transmisión de paquetes desde el transmisor TCP, resultante de esta pérdida, aliviará la situación de congestión. Si la situación de congestión lleva al descarte de paquetes de varios flujos diferentes, tendremos varios transmisores reduciendo sus ventanas de transmisión e iniciando el proceso de arranque lento, eliminando la congestión. Sin embargo, estos transmisores aumentarán sus ventanas de transmisión conjuntamente para restablecer el tamaño original y, por tanto, de nuevo habrá una situación de congestión, lo que resultará en nuevos descartes de paquetes y en el reinicio el proceso. Este ciclo es conocido como Problema de Sincronización Global. El algoritmo RED trata de evitar este problema actuando de manera preventiva, y no reactiva, con la congestión; es decir, RED intenta evitar que la congestión se produzca.

En el algoritmo RED, cuando se detecta una situación de tendencia al congestionamiento (el tamaño de la cola excede de un cierto umbral, por ejemplo), se inicia un proceso de eliminación de paquetes al azar, en donde la probabilidad de eliminación depende de la tasa de ocupación de la cola, como se ilustra en la Figura 38. Este descarte anticipado dará lugar a la disminución anticipada en la tasa de llegada de paquetes al router, debido al mecanismo de funcionamiento de TCP, y por lo tanto tendremos una reversión en la tendencia de congestionamiento.

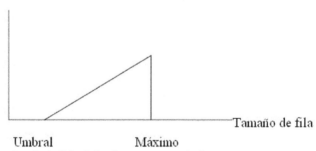

Figura 38 - Probabilidad de descarte en el algoritmo RED.

El RED sólo funciona correctamente en combinación con los protocolos de transporte que son robustos con la pérdida de paquetes, como el TCP. Si el protocolo de transporte no reacciona a la pérdida de paquetes con la disminución de la tasa de transmisión de paquetes, el RED no tendrá ningún efecto positivo, pudiendo incluso deteriorar el rendimiento del sistema por el aumento de la tasa de pérdida de paquetes.

WEIGHTED RANDOM EARLY DETECTION (WRED)

En el algoritmo WRED la probabilidad de un paquete entrante para ser desechado se define por la tasa de ocupación de la cola y un peso asociado al flujo (o clase de flujo) a la que pertenece el paquete. Lo que se busca con el WRED es que los paquetes de mayor prioridad tengan menos probabilidades de descartarse. Por ejemplo, una baja probabilidad de descarte de los paquetes puede estar asociada con los flujos de mayor prioridad (determinado por el contenido de los bits de precedencia en el campo ToS de la cabecera IP), o flujos de paquetes que han hecho la reserva de recursos (a través del protocolo RSVP). La Figura 39 ilustra el funcionamiento del algoritmo de WRED.

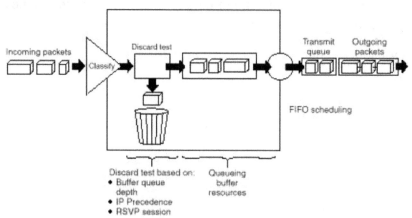

Figura 39 – Operación del algoritmo WRED.

WRED Y VoIP

El uso de algoritmo de WRED no da lugar a la priorización estricta que el tráfico de voz requiere. Sin embargo, el WRED puede proporcionar un tratamiento preferencial a los paquetes de voz durante las situaciones de congestión, reduciendo al mínimo la pérdida de estos paquetes por el descarte anticipado de paquetes de datos, a los cuales se atribuye una mayor probabilidad de descarte.

Se debe recordar que el descarte de un paquete de voz no reducirá el flujo de llegada de este tipo de paquete, una vez que el UDP no responde a la pérdida de paquetes. Por lo tanto, un gran flujo de tráfico de voz puede causar desbordamiento en una cola WRED y, en consecuencia, una alta tasa de pérdida de paquetes. Aunque si la probabilidad de descarte por el WRED asociada a los paquetes de voz no es demasiado baja podemos tener una tasa de pérdida de paquetes inaceptable para este tipo de tráfico y la consiguiente pérdida del nivel de calidad de servicio.

SEGUIMIENTO Y CONFORMACIÓN DE TRÁFICO

Las funciones de seguimiento y conformación generalmente identifican las violaciones en el tráfico de una misma manera. Difieren, sin embargo, en la forma cómo responden a estas violaciones, por ejemplo:

La función de seguimiento generalmente descarta el tráfico que no se ajuste o defina como elegibles para su eliminación.

La función de conformación típicamente retrasa el exceso de tráfico, por mecanismos de gestión de colas, conservando los paquetes y liberándolos de tal manera que el flujo de salida este dentro de los parámetros definidos.

La técnica Token Bucket, descrita a continuación, es la más utilizada para las funciones de seguimiento y conformación de tráfico. Por ejemplo, los algoritmos CAR (Commited Access Rate),

GTS (Generic Traffic Shaping) y FRTS (Frame Relay Traffic Shaping), implementados por CISCO, se basan en Token Bucket.

TOKEN BUCKET

El Token Bucket es una definición formal de una tasa de transferencia. Tiene tres componentes:

- Longitud de ráfaga: especifica el tamaño máximo de ráfaga (en bits) que se puede enviar dentro de un intervalo de tiempo.

- Tasa promedio: especifica cuántos bits se pueden enviar por unidad de tiempo, en promedio. Por definición, para cualquier múltiplo entero del intervalo, la tasa de bits de la interfaz no excederá la tasa media. Dentro de un rango la tasa de bits puede superar temporalmente la tasa media.

- Intervalo de tiempo: también llamado intervalo de medida, especifica el intervalo de tiempo en que se define la longitud de la ráfaga y la tasa promedio.

El algoritmo Token Bucket funciona, metafóricamente, como sigue:

- Los archivos se depositan en un cubo, con capacidad para C archivos, a una tasa constante.

- Si el cubo se llena de archivos, los próximos que llegan se descartan.

- La transmisión de un paquete consume del cubo una cantidad de archivos igual al tamaño de paquete (en bytes).

- Si un paquete llega y no hay archivos en cantidad suficiente en el cubo, el paquete se declarará no conforme y una de estas dos acciones se puede llevar a cabo:

  - El paquete se descarta o se define como elegible para su eliminación (al cambiar los bits de prioridad, por ejemplo). Esta acción se suele asociar con la función de políticas de tráfico.

  - El paquete se retrasa hasta que tenga suficientes archivos en el cubo. Esta acción se suele asociar con la función de configuración del tráfico.

- Cuando no se tienen paquetes para transmitir, los archivos se acumulan en el recipiente (hasta su capacidad C), permitiendo que se transmitan posteriormente ráfagas de paquetes.

La mayor ráfaga de datos que se puede transmitir se produce cuando el cubo está lleno y un paquete llega. El tamaño de esta ráfaga se define por la capacidad del cubo más el intervalo de tiempo dividido por la tasa de llegada de archivos al cubo. En régimen permanente, la tasa de transmisión de datos no supera la tasa de llegada de los archivos en el cubo.

FRAGMENTACIÓN

Tráfico interactivo, tal como VoIP, puede tener una alta latencia debido a la presencia de paquetes de datos a larga distancia en el sistema. Una manera de resolver este problema de la demora es fragmentando los paquetes de datos que exceden cierto umbral en paquetes más pequeños, que serán tratadas como unidades independientes de la red.

La Figura 40 ilustra una situación en la que los paquetes de voz y grandes paquetes de datos están llegando a un router. Los paquetes de datos se fragmentan en paquetes más pequeños y se almacenan en una cola diferente utilizada para los paquetes de voz. El algoritmo WFQ se utiliza para despachar y dar prioridad a los paquetes de voz.

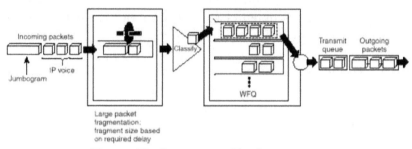

Figura 40 - Fragmentación de paquetes.

La fragmentación de paquetes disminuye la desviación estándar del tamaño de los paquetes manejados por las colas de salida, resultando en una disminución del tiempo medio de enrutamiento del paquete y de la desviación estándar de este tiempo. La disminución del tiempo medio hace que el paquete VoIP llegue a su destino más rápido y la disminución en la desviación estándar en la disminución del jitter de retardo en la red, mejorando la calidad de la señal de VoIP. Las expresiones siguientes ilustran la influencia de la distribución del tamaño del paquete en el tiempo medio de enrutamiento del paquete y en el desvio estandar de este tiempo, donde E(ts) representa el tiempo medio de transmisión de un paquete, E(n) representa la tasa de llegada de los paquetes en el sistema, y p la tasa de utilización del servidor.

$$E(t_w) = \frac{\rho \cdot E(t_s)}{2(1-\rho)} \cdot \left[1 + \left(\frac{\sigma_{ts}}{E(t_s)} \right)^2 \right]$$

$$\sigma_{tw} = \sqrt{\frac{E(n)E(t_s^3)}{3(1-\rho)} + \frac{E^2(n)E^2(t_s^2)}{4(1-\rho)^2}}$$

RSVP – RESOURCE RESERVATION PROTOCOL

El RSVP es un protocolo de señalización diseñado para la arquitectura de servicios integrados de Internet, lo que permite a los hosts solicitar niveles de calidad de servicio específicos para sus aplicaciones. También es utilizado por los enrutadores para entregar las peticiones de calidad de servicio a otros routers (u otros tipos de nodos) a lo largo de la trayectoria de un flujo. Las peticiones de RSVP resultan, cuando es posible, en reservas de recursos en la red para que puedan proporcionar el nivel de QoS solicitado.

El RSVP no es un protocolo de enrutamiento; utiliza los protocolos de enrutamiento de la red para determinar la ruta que debe seguirse entre el origen y el destino, y puede funcionar en modos unicast o multicast.

Todos los mensajes de RSVP consisten de una cabecera seguida de un cuerpo, que contiene un número variable de objetos. La Figura 41 ilustra la cabecera RSVP, que es común a todos los mensajes. Los siguientes campos se identifican:

- Versión: número de versión del protocolo.

- Flags: ningún indicador está establecido.

- Tipo de mensaje: identifica el tipo de mensaje de RSVP que está siendo enviado.

- Checksum.

- Send_TTL: el valor del IP TTL con el cual el mensaje fue enviado.

- RSVP Lenght: longitud total del mensaje RSVP en bytes, incluyendo la cabecera y los objetos que siguen.

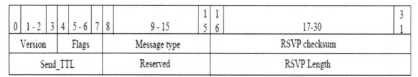

Figura 41 - Encabezado RSVP.

Cada objeto RSVP está codificado en el mensaje con una o más palabras de 32 bits, como se muestra en la Figura 42. Los objetos definen la información intercambiada entre los servidores, clientes y nodos (routers) en la ruta de acceso reservada. Algunos ejemplos de informaciones definidas por el objeto son: identificación de destino (unicast o multicast); dirección IP del nodo RSVP capaz que envió el mensaje; nivel de QoS deseado; estilo de reserva; característica del tráfico generado por la fuente (descriptor token-bucket); etcétera.

Figura 42. Objetos RSVP en el mensaje.

ESTILOS DE RESERVA RSVP

Las reservas RSVP pueden ser de tres tipos o estilos: Fixed Filter, Shared Explicit y Wildcard Filter.

WILDCARD FILTER (WF): Este estilo representa la opción: reserva "compartida" y la falta de control en la selección del transmisor ("wildcard"). Por lo tanto, el estilo WF crea una única reserva que es compartida por los flujos de todos los transmisores de upstream. El WF puede ser visto como un "producto" compartido, cuyo tamaño es la mayor de las solicitudes de recursos hecha por los receptores, independientemente del número de transmisores. Una reserva estilo WF se propaga a upstream para todos los hosts transmisores y se extiende automáticamente a los nuevos transmisores que se presenten.

Simbólicamente podemos representar el estilo WF como: WF {* [Q]}, donde * indica cualquier transmisor y Q representa un nivel de QoS.

FIXED FILTER (FF): Este estilo define la opción: reservas separadas y selección explícita del transmisor. Es decir, se crea una reserva distinta para cada transmisor en particular, sin compartirla con otros transmisores. A cada transmisor seleccionado se le asigna un nivel de reserva (QoS).

Simbólicamente, el estilo FF puede ser representado por: FF {S1 [Q1], S2 [Q2], S3 [P3], ...}, donde Si representa el transmisor i y Qi representa el nivel de calidad asociado (FLOWSPEC).

La reserva total de un enlace para una sesión determinada es la suma de Q1, Q2, ... Qn, donde n es el número de reservas realizadas.

SHARED EXPLICIT (SE): El estilo SE indica reserva compartida y selección explícita de los transmisores; es decir, la SE crea una única reserva compartida por los transmisores seleccionados.

Podemos representar, simbolicamente, el estilo SE por: SE {(S1, S2, S3, ...) [Q]}. Donde S1, S2, S3, ... es la lista de los transmisores y Q el nivel de QoS especificado.

Reservas compartidas, creados por estilos WF y SE, son apropiadas para aplicaciones multicast en donde las múltiples fuentes de datos no irán, probablemente, a transmitir simultáneamente. Las señales de audio son un ejemplo de aplicación adecuada para reserva compartida; como el número de personas que hablan al mismo tiempo en una conferencia telefónica es limitado, el receptor puede solicitar una reserva de dos veces el ancho de banda requerida para una señal (para proporcionar cierta superposición del locutor). Por otro lado, el estilo FF, que crea reservas diferentes para los flujos de los diferentes transmisores, es adecuado para señales de vídeo.

MENSAJES RSVP Y OPERACIÓN BÁSICA DEL PROTOCOLO

Los principales mensajes RSVP son PATH y RESV. El mensaje PATH tiene por función principal construir el camino por el cual los mensajes RESV pasarán efectuando las reservas de recursos.

El funcionamiento básico del protocolo es el siguiente:

- La fuente especifica las características del tráfico a ser transmitido, a través de los parámetros del algoritmo Token-Bucket. Esta información es transportada en el objeto Sender Tspec.

- El RSVP de la fuente envía un mensaje PATH al destino (u destinos) que contiene la especificación del tráfico realizado por la fuente. La ruta a seguir por el mensaje PATH es definida por el algoritmo de enrutamiento y no por el RSVP.

- Cada router RSVP capaz a lo largo de la ruta establece un "path-state" que incluye la dirección del router RSVP capaz inmediatamente anterior (router que envió el mensaje PATH – upstream). Cada router envía su dirección al vecino posterior (downstream) a través del objeto RSVP_HOP. Los routers pueden incluir en el mensaje PATH informaciones sobre los recursos disponibles y el retardo aproximado que va a introducir, a través del objeto ADSpec. Por lo tanto, en cualquier punto a lo largo de la ruta, el mensaje PATH contiene la dirección IP del router vecino (upstream) y puede contener información de capacidad y retardo aproximado que cada nodo introducirá.

- Para hacer la reserva de recursos, el receptor envía un mensaje RESV (solicitud de reserva) en dirección a la fuente, que contiene la especificación de la calidad de servicio para el flujo de datos solicitado (objeto FLOWSPEC). El mensaje RESV va desde el receptor a la fuente a través del mismo camino recorrido por el mensaje PATH. Esto es posible porque cada router almacena la dirección del vecino (hacia la fuente) recibido en el mensaje PATH.

- Cada router RSVP capaz a lo largo de la ruta (upstream), al recibir el mensaje RESV, utiliza un proceso de control de admisión para autenticar la solicitud y asignar los recursos necesarios. Si la solicitud no puede ser satisfecha (debido a la insuficiencia de recursos, por ejemplo), el router devuelve un mensaje de error al receptor (origen del mensaje RESV). Si se acepta la solicitud, el router envía el mensaje RESV al siguiente router upstream.

- Cuando el último router (más cerca de la fuente) recibe el mensaje RESV y acepta la petición, envía un mensaje de confirmación al receptor.

- El RSVP opera con el concepto de soft state, lo que significa que el transmisor y el receptor deben enviar periódicamente mensajes PATH y RESV para revalidar (o actualizar) las reservas formuladas. Esta característica permite la respuesta dinámica a los cambios en la fuente de flujo, en los parámetros de calidad de servicio establecidos por el receptor o en la ruta.

ARQUITECTURAS PARA QoS

ARQUITECTURA DE SERVICIOS INTEGRADOS (INTSERV)

El modelo de servicios integrados propone dos clases de servicio, más allá del servicio habitual de mejor esfuerzo, que son:

- Servicio garantizado: para aplicaciones en tiempo real, como VoIP, que requieren un ancho de banda y límite garantizado para el retraso.

- Servicio de carga controlada: para aplicaciones que requieren servicio de "mejor que mejor esfuerzo", pero sin garantía de ancho de banda o limite de demora.

En la clase Servicio Garantizado el flujo se describe utilizando el algoritmo Token Bucket y esta descripción es utilizada por los elementos de la red (routers, subredes, etc.) para calcular una serie de parámetros que describen cómo los elementos deben manejar el flujo de datos. Con la combinación de parámetros de varios dispositivos a lo largo de la ruta, es posible calcular el retardo máximo que los paquetes en dicho flujo sufrirán.

Para implementar la arquitectura IntServ es necesario que los routers a lo largo de la ruta sean capaces de reservar recursos, con el fin de proporcionar el nivel de QoS deseado para cada flujo. Las aplicaciones deben establecer la ruta y reservar los recursos antes de la transmisión de datos. Para este fin, se puede utilizar el protocolo RSVP.

El IntServ se basa en el concepto "per-flow state" y es implementado por cuatro componentes:

- Protocolo de señalización (RSVP): se utiliza para hacer la reserva de recursos en la red.

- Control de admisión: la rutina de Control de Admisión decidirá si la solicitud de recursos se puede atender.

- Clasificador: clasifica los paquetes de cada flujo, dirigiéndolos a la cola adecuada.

- Planificador: gestiona el encaminamiento (despacho) de los paquetes de cada flujo usando un conjunto de colas y posiblemente otros recursos, tales como temporizadores, con el fin de cumplir con el nivel de QoS asociado con cada flujo. Funciones de seguimiento, necesarias para comprobar que el tráfico tiene un comportamiento adecuado, se consideran como parte de las acciones del planificador.

La arquitectura IntServ tiene los siguientes problemas:

- La cantidad de información de estado se incrementa proporcionalmente con el número de flujos, que puede resultar en una gran sobrecarga de procesamiento y memoria para los routers del backbone de la red.

- Todos los routers deben implementar RSVP, control de admisión, clasificación y planificación de paquetes.

- Para servicio garantizado, la arquitectura tiene que ser implementada plenamente en toda la red. Para servicio de carga controlada es posible la implementación gradual, con el desarrollo de la funcionalidad IntServ en los dispositivos que son los cuellos de botella de un dominio de la red y el tunelamiento de los mensajes RSVP en otra parte del dominio.

ARQUITECTURA DE SERVICIOS DIFERENCIADOS (DIFFSERV)

La arquitectura DiffServ establece varias clases de servicios diferenciados, que se pueden especificar, por ejemplo, por el byte TOS de la cabecera IP. La clasificación de los paquetes puede hacerse inicialmente por el cliente o por el router de entrada en la red.

Para recibir un servicio diferenciado, un usuario de Internet tiene que firmar un Acuerdo de Nivel de Servicio (SLA - Service Level

Agreement), que especificará las clases de servicio soportadas y la cantidad de tráfico permitido en cada clase. El SLA puede ser estático o dinámico. Para el caso dinámico se debe utilizar un protocolo de señalización, por ejemplo RSVP, para ordenar los servicios bajo demanda.

Al entrar en la red, los paquetes se clasifican, se vigilan y posiblemente son formados. Las reglas de clasificación, seguimiento y conformación utilizados en los routers se derivan del SLA. Cuando un paquete de un dominio entra en otro dominio, su clasificación puede cambiar, siguiendo el SLA entre los dos dominios.

La arquitectura DiffServ es significativamente diferente de la IntServ. En DiffServ hay un número limitado de clases de servicio y la información de estado son proporcionales al número de clases y no el número de flujos. Por lo tanto, DiffServ es más escalable que IntServ.

Utilizando herramientas de clasificación, de seguimiento, de conformación y despacho, múltiples servicios pueden ser ofrecidos. Por ejemplo: Servicio Premium para aplicaciones que requieren pequeño retardo y jitter; Servicio Garantizado para aplicaciones que requieren una mayor fiabilidad que el servicio de mejor esfuerzo puede ofrecer; Servicio Olímpico, que tiene subclases oro, plata y bronce.

En el servicio Premium, que es el más adecuado para VoIP, cada usuario tiene un SLA con el proveedor de servicios. El SLA especifica la tasa de bits (hora punta) requerido para un flujo específico o un agregado de flujos. El usuario es responsable de no exceder la velocidad especificada, de lo contrario el exceso de tráfico será descartado por el mecanismo de control de la red. El

ISP garantiza que el ancho de banda contratado está disponible para el tráfico.

Por mecanismos de clasificación, el tráfico Premium es marcado en el dominio del usuario como tráfico prioritario. El router de ingreso en la red DiffServ proporcionará funciones de seguimiento, descartando los paquetes que no cumplan con el SLA, el enrutamiento y el despacho, de modo que los paquetes Premium sean transmitidos antes que los paquetes de otras clases de servicio.

A través de control de admisión, el tráfico Premium puede ser limitado a un pequeño porcentaje (por ejemplo 10%) del ancho de banda de todos los enlaces de entrada. En el enlace de salida los paquetes Premium se transmiten antes que los demás y pueden ocupar hasta el 100% de la capacidad del enlace. Como los enlaces suelen ser full-duplex, la banda de los enlaces de entrada es igual a los enlaces de salida. Por lo tanto, si el tráfico Premium se distribuye por igual entre los enlaces, el seguimiento, control de admisión y el algoritmo de despacho, se puede asegurar que la tasa de servicio de la cola PQ (Premium Queue) es mucho mayor que la tasa de llegada de paquetes. Por lo tanto, un paquete Premium que esté alcanzando el router encontrará, la mayor parte de las veces, la cola PQ vacía o con pocos paquetes, lo que resulta en un bajo retardo.

La agregación de tráfico puede ser un problema para el servicio Premium de la arquitectura DiffServ. La Figura 43 ilustra esta cuestión: existe una agregación del tráfico del router de borde (BR1 a BR3) que llega al router núcleo CR, pero esto no causa problemas porque el enlace de salida CR1 es más rápido que las conexiones de entrada. Sin embargo, la agregación de tráfico en la entrada CR4 puede resultar en una tasa de llegada de paquetes próxima a la carga de servicio, con un aumento considerable en el retraso. La arquitectura DiffServ por sí sola no puede resolver este problema, siendo necesario el uso de Enrutamiento basado en restricción/Ingeniería de tráfico para evitar la situación de congestión causada por el exceso de tráfico Premium.

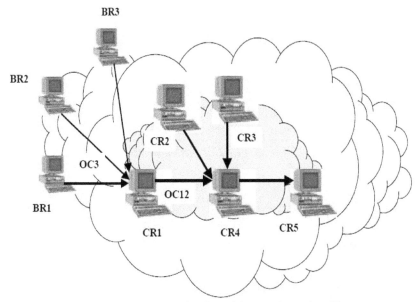

Figura 43 – Agregación de tráfico en la red DiffServ.

MULTI-PROTOCOL LABEL SWITCHING – MPLS

El MPLS es un esquema de reenvío de paquetes que evolucionó de la tecnología Tag Switching desarrollada por Cisco. En el modelo OSI de 7 capas él se sitúa entre las capas 2 (enlace) y 3 (red).

Cada paquete MPLS tiene un encabezado que contiene una etiqueta de 20 bits, un campo Clase de Servicio (Class of Service - COS) de 3 bits, un bit (B), que indica que la etiqueta es la última de una pila de etiquetas y un campo TTL (Time to Live) de 8 bits, como se muestra en la Figura 44. La cabecera MPLS se encapsula entre el encabezado de la capa de enlace y la cabecera de la capa de red. Un router MPLS capaz, denominado LSR (Label Switched Router), examina sólo la etiqueta en el reenvío del paquete. El protocolo de red puede ser IP u otros, dando origen al nombre Multi-Protocol Label Switching.

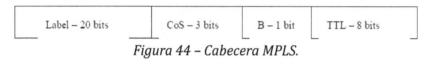

Figura 44 – Cabecera MPLS.

El MPLS necesita de un protocolo para la distribución de etiquetas para formar rutas conmutadas por etiquetas (LSPs - Label Switched Paths), que puede ser el protocolo LDP (Label Distritution Protocol) o una extensión de RSVP. Un LSP es similar a un circuito virtual ATM y es de un solo sentido desde el transmisor al receptor.

El proceso de asignación de etiquetas (establecimiento de un LSP) se puede activar de tres maneras:

- Topology Driven: las etiquetas se asignan en respuesta al tratamiento normal de control de protocolo de enrutamiento; es decir, un cambio topológico puede resultar en el cambio de la LSP.

- Request Driven: las etiquetas se asignan en respuesta al procesamiento normal del tráfico de control basado en petición, tal como RSVP.

- Traffic Driven: la llegada de un paquete en un LSR desencadena la asignación y distribución de etiquetas.

Como resultado de la distribución de etiquetas es creado, en cada LSR, una tabla de enrutamiento de los paquetes indexada por las etiquetas. Cada entrada de la tabla especifica cómo procesar los paquetes que contienen la etiqueta de índice.

La ruta LSP entre dos routers se puede definir por el algoritmo de enrutamiento de la capa 3 (enrutamiento hop-by-hop), o se puede especificar explícitamente por el LSR de origen (Explicit Route - ER). La posibilidad de definir rutas explícitas es una característica útil para la implementación de VoIP. Un LSP establecido a través de encaminamiento explícito no se cambia si hay un cambio en el enrutamiento de nivel 3, y por lo tanto tiene un rendimiento similar al de una ruta en una red del tipo Circuito Virtual. El encaminamiento explícito también permite el uso del concepto de Ingeniería de tráfico para el establecimiento de rutas, lo que permite una mejor distribución del tráfico en la red y, en consecuencia, la reducción de la posibilidad de congestión.

Los paquetes se clasifican y encaminan por los LSRs de un ingreso de un dominio MPLS capaz. A continuación, se insertan las cabeceras MPLS. Cuando un LSR recibe un paquete MPLS, la etiqueta se utiliza como un índice para la consulta de la tabla de enrutamiento. Esto es más rápido que el proceso de enrutamiento utilizado en una red IP normal, lo que resulta en un retraso más pequeño experimentado por cada paquete en cada router MPLS capaz. El paquete es procesado como se especifica en la tabla de enrutamiento. La etiqueta de entrada se sustituye por la etiqueta de salida y el paquete se conmuta al siguiente LSR. Dentro del dominio MPLS, la clasificación, distribución y manejo del paquete se define por los campos de etiqueta y COS.

El MPLS puede ser utilizado en conjunción con la arquitectura de servicios diferenciados para proporcionar QoS. La operación de los routers en este caso es básicamente la misma que la descrita para DiffServ, con las siguientes diferencias:

- En el ingreso en la red, además de todo el procesamiento definido por DiffServ, una cabecera MPLS se inserta en el paquete.

- Los routers núcleo procesan el paquete basados en la etiqueta y en el campo COS, no en el campo DS definido por la DiffServ.

- En la salida del dominio MPLS se elimina la cabecera.

OTRAS CONSIDERACIONES PARA VoIP

Los requisitos de QoS para VoIP dificultan en gran medida, si no impiden, la implementación de esta aplicación sobre Internet, al menos en su versión actual. Sin embargo, en una red IP controlada, usando las técnicas descritas en esta sección puede resultar en el nivel de QoS deseado.

Por lo tanto, el uso de VoIP constituye una buena alternativa para la implantación de redes multimedia corporativas o incluso para la implementación de backbones, con capacidad para la integración del tráfico de las empresas proveedores de servicios de telecomunicaciones. La Figura 45 ilustra el uso de algunas técnicas para proporcionar QoS en una red IP corporativa con aplicación VoIP.

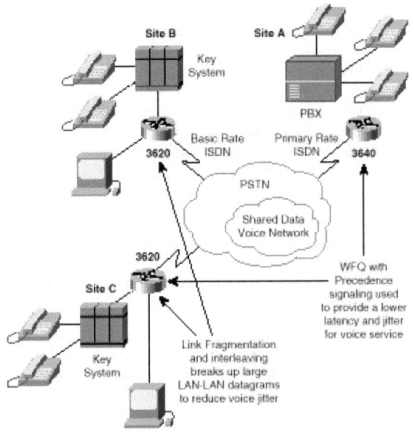

Figura 45 - Obtención QoS para VoIP en una red corporativa.

En el entorno corporativo el uso de la arquitectura IntServ puede ser una buena alternativa. En el backbone, debido al gran número de flujos, la arquitectura DiffServ, posiblemente asociada con el uso de MPLS con encaminamiento explícito, puede ser la mejor opción. En cualquier caso, el uso de algoritmos de despacho que priorizan el tráfico de voz es obligatorio.

Con respecto a las herramientas para la calidad de servicio tenemos las siguientes consideraciones finales:

1. La posibilidad de un cambio en la trayectoria seguida por los paquetes de datos durante una conversación (cambio de ruta) puede resultar en la pérdida de calidad. Utilizando el concepto de enrutamiento definido por la fuente se puede superar este problema. Por ejemplo, se puede establecer el camino a seguir por los paquetes como aquel que los paquetes RSVP frecuentaban para establecer una reserva de recursos y que se definió por el algoritmo de enrutamiento de la red.

2. Incluso con la priorización de paquetes de voz puede haber pérdida de calidad por el retraso o jitter de atraso excesivo en los nodos de la red. Los algoritmos de despacho que tienen en cuenta el retardo y jitter ya sufridos por los paquetes de cada flujo pueden resultar en un mejor nivel de calidad de servicio.

3. Otras herramientas utilizadas para prevenir la congestión de la red pueden ser necesarias, incluso si se está utilizando la priorización de tráfico de voz. Entre estas herramientas están el uso de algoritmos RED y WRED para el tráfico de datos y el uso de enrutamiento basado en restricciones e ingeniería de tráfico.

ACERCA DEL AUTOR

Este libro ha sido escrito por Oscar Gil Domínguez, Gestor de Equipos de Ingenieros de Telecomunicaciones en Latinoamérica desde el año 2010.

ISBN: 978-1508502005